色白天青

宋代景德镇青白瓷审美活态化传承研究

康修机　毛宏萍　著

SE BAI TIAN QING

Songdai Jingdezhen Qingbaici Shenmei Huotaihua Chuancheng Yanjiu

辽宁美术出版社

康修机，男，教授，博士研究生导师，景德镇陶瓷大学设计艺术学院党委书记。本科毕业于景德镇陶瓷学院和无锡轻工大学（现江南大学），北京电影学院文学硕士，东南大学访问学者，武汉理工大学在读博士。目前为教育部高校动画、数字媒体专业教指委委员，中国工业设计协会理事，全国高等院校计算机基础教育研究会数字创意专业委员会副主任，中国电子视像行业协会数字影像创意委员会高级专家，中国建筑卫生陶瓷协会陶瓷艺术委员会理事，中国陶瓷工业协会会员，江西省文联第九届委员会常务委员。先后被评为江西省高校青年骨干教师、江苏省双创人才、江西省文化名家暨四个一批工程人才。

毛宏萍，女，副教授，硕士研究生导师，任教于景德镇陶瓷大学设计艺术学院工业设计系。江南大学设计学院文学硕士，米兰理工大学访问学者，曾任巴塞罗那大学授课讲师。

绪论 >>

传统手工艺是我国民族文化中不可或缺的重要组成部分，伴随着时代的不断发展，许多传统手工艺正面临着日趋没落的困境，有的已失传或濒临失传。在这种情况下，越来越多的有识之士开始关注传统手工艺的传承与发展问题，并得到国家有关部门的高度重视。2017 年，文化部、工业和信息化部、财政部三部委联合制定了《中国传统工艺振兴计划》，力图重新振兴我国曾经辉煌的传统手工艺。传统陶瓷手工艺是我国传统手工艺中的一大类型，在我国传统文化中占据着独特而重要的地位，而景德镇传统陶瓷手工艺则是我国传统陶瓷手工艺中最为精华的部分之一，曾经在世界范围内引起众多的关注。

在景德镇长达上千年的传统陶瓷手工艺发展史中，至少有三百年是青白瓷一家独大的时期，在景德镇传统陶瓷手工艺发展中也有着不可忽视的重要作用。不过，其在元朝之后开始没落，并成为景德镇众多瓷器类型中并不引人注目的一种，虽然并未面临失传的境地，但其传承与发展程度却是与其历史中的重要地位与作用不相符合的。近年来，景德镇发起一场声势浩大的陶瓷非物质文化遗产保护与发展工作，一座占地广阔的御窑厂博物院即将拔地而起，而景德镇国家陶瓷文化传承创新试验区建设工作的开启则将为这场行动提供巨大的帮助。在这股景德镇传统陶瓷手工艺传承与发展的热潮下，宋代景德镇青白瓷得到越来越多人的重视与关注。可以说，景德镇的城市名片不仅仅是四大名瓷，曾经叱咤三百多年的宋代景德镇青白瓷同样也是景德镇一张重要的城市名片，是景德镇的代表杰作之一，如今，正是擦亮这张名片并使之重放光彩的最好历史机遇。本书对宋代景德镇青白瓷活态化传承与发展的研究，正是力图抓住历史机遇，寻求青白瓷复兴的一种理论和实践探索，这无疑具有积极的理论意义及实践意义。

从理论意义上来看，本书以历史发展的视角切入，对宋代景德镇青白瓷审美进行历史性探讨，并以此为基础对当代的宋代景德镇青白瓷活态化传承与发展进行研究，旨在构建起宋代景德镇青白瓷活态化传承与发展完整、全面、科学的理论研究体系。就目前理论研究现状来看，这种研究体系的构建尚属空白领域。因此，可以说，本书的研究在一定程度上为青白瓷研究提供了一些有意义的参考价值。而同时，笔者也希望借此来吸引专家学者们将目光投注于景德镇青白瓷，并为景德镇其他陶瓷非物质文化的活态化传承与发展提供一个可资借鉴的研究路径。

从实践意义上来看，在全球化的背景下，景德镇正迫切地力图与世界对话，期待重新站立于世界陶瓷之巅，重新成为世界陶瓷的中心之一。宋代景德镇的青白瓷，是单色瓷的代表和高峰之一，在各大拍卖会屡创新高，为收藏界重视，并引起社会的高度关注，仿制宋代青白瓷的釉色、器型和重新定义其审美慢慢形成热潮。景德镇过去一千多年的发展经验告诉我们，立足于传统并包容创新，是最核心的发展思路与战略。艺术设计亦是如此，传统和现代不可或缺，否则，艺术设计缺少了灵魂。因此，本书对宋代景德镇青白瓷活态化传承与发展的研究，实质上研究的是青白瓷的传统与现代的结合方式，确立景德镇青白瓷实践发展的一个目标，并提供一定的理论指导，对于推动景德镇青白瓷全面发展具有重要的实践意义。

目录 >>

第一章　概念释义 / 001

第一节　青白瓷 / 002

第二节　活态化 / 003

第二章　宋代景德镇青白瓷的兴起 / 005

第一节　窑业的繁荣 / 006

第二节　工艺材料的发展 / 013

第三节　审美观的主导 / 017

第三章　宋代景德镇青白瓷的发展历程 / 019

第一节　宋代景德镇青白瓷发展概况 / 020

第二节　宋代景德镇青白瓷产品特征 / 022

第三节　北宋、南宋景德镇青白瓷釉色分期考察 / 027

第四章　宋代景德镇青白瓷的形成因素分析 / 035

第一节　得天独厚的自然条件 / 036

第二节　宗教与理学思想 / 038

第三节　文人尚雅风气 / 039

第四节　全民尚玉风尚 / 042

第五节　消费市场需求 / 044

第五章　宋代景德镇青白瓷的审美特征 / 047

第一节　天人合一的自然之美 / 048

第二节　淡雅幽微的简约之美 / 050

第三节　淡泊平和的朴素之美 / 051

第四节　温柔婉约的含蓄之美 / 053

第五节　兼容并包的融合之美 / 055

第六节　纯净温润的类玉之美 / 056

第七节　自由灵动的装饰之美 / 057

第八节　清晰悦目的造型之美 / 059

第九节　相得益彰的实用之美 / 063

第十节　返璞归真的缺陷之美 / 065

第六章　宋代景德镇青白瓷与青瓷、白瓷的审美比较 / 069

第一节　与青瓷审美的比较 / 070

第二节　与白瓷审美的比较 / 075

第七章　宋代景德镇青白瓷活态化传承与发展的现状 / 081

第一节　社会传承与发展措施的实施 / 082

第二节　文化部门、院校和艺术家的参与 / 085

第三节　中小企业的推动 / 098

第八章　宋代景德镇青白瓷活态化传承与发展的价值 / 103

第一节　历史记忆的唤起 / 104

第二节　艺术的传承与创新 / 106

第三节　工艺的推陈出新 / 108

第四节　文化自信的转换 / 110

第五节　文化产业的延展 / 112

第六节　工匠精神的传扬 / 114

第九章　宋代景德镇青白瓷活态化传承与发展的影响因素分析 / 117

第一节　原材料的储备 / 118

第二节　国家政策的扶持 / 120

第三节　制瓷文化的交融 / 121

第四节　人才的培育 / 123

第五节　市场发展与需求 / 125

第六节　传统文化认知的回归 / 127

第十章　宋代景德镇青白瓷活态化传承与发展的可行性 / 129

第一节　自然资源和产业资源丰厚 / 130

第二节　工艺和技术成熟 / 132

第三节　审美潮流的契合 / 133

第四节　人才储备齐全 / 136

第五节　市场潜能较大 / 138

第十一章　宋代景德镇青白瓷活态化传承与发展面临的问题 / 141

第一节　审美理念参差不齐 / 142

第二节　资源的短缺与断层 / 143

第三节　科学研究层次不高 / 145

第四节　产品质量提升缓慢 / 146

第五节　组织管理分散和非专业 / 147

第六节　遗产保护力度薄弱 / 148

第七节　国际交流狭隘与式微 / 150

第十二章　宋代景德镇青白瓷活态化传承与发展的原则 / 151

第一节　本体原真性 / 152

第二节　要素的完整性 / 154

第三节　专指地域性 / 155

第四节　动态延续性 / 156

第五节　手工匠心性 / 158

第六节　品质先进性 / 159

第七节　审美多样性 / 160

第八节　自然环保性 / 163

第九节　产业经济化 / 164

第十节　传承创造性 / 165

第十三章　宋代景德镇青白瓷活态化传承与发展的策略 / 167

第一节　政府全面扶持 / 168

第二节　扩大专业人才队伍 / 169

第三节　加强专业人才培训 / 170

第四节　加强科研工作 / 171

第五节　创新设计能力 / 172

第六节　提高产品质量 / 174

第七节　拓宽产品推介和销售渠道 / 175

第八节　加强行业组织建设 / 176

第九节　加强文化生态环境整体保护 / 178

第十节　开展国际合作与交流 / 179

第十四章　宋代景德镇青白瓷设计的活态化传承与发展 / 181

第一节　重构与创新 / 182

第二节　再造与重生 / 187

参考文献 / 192

后记 / 194

色白天青

宋代景德镇青白瓷审美活态化传承研究

SE BAI TIAN QING

Songdai Jingdezhen Qingbaici Shenmei Huotaihua Chuancheng Yanjiu

第一章 概念释义

第一章　概念释义

第一节　青白瓷

青白瓷是宋代时期的重要陶瓷品种之一，以南方景德镇窑青白瓷为最杰出的代表，宋代其他地区的青白瓷生产基本上都是受到景德镇窑的影响而形成的，以景德镇窑为中心的青白瓷窑系，为宋代六大窑系之一。青白瓷的釉色介于青釉与白釉之间，白中泛青、青中闪白，故而得名青白瓷。

在宋代时期的文献中，宋代吴自牧的《梦粱录》、耐得翁的《都城纪胜》、赵汝适的《诸蕃志》，等等，都提到了青白瓷。吴自牧的《梦粱录》叙述整个南宋时期的临安（今浙江杭州）的情况，书中记载了青白瓷；耐得翁的《都城纪胜》描述的也是南宋都城临安的繁华景象，其中提到都城的天街中有青白瓷器铺；赵汝适的《诸蕃志》讲述了海外诸国的风土物产及所见所闻，其中提到了一些地方进行青白瓷交易。元代时期的文献仍有青白瓷的记载，如元代汪大渊《岛夷志略》中写道："贸易之货，用西洋布、青白、外州之货。"另外，宋元之际蒋祈的《陶记》中也写道："江湖川广，器尚青白，出于镇之窑者也。"蒋祈的《陶记》更明确地指出了景德镇窑青白瓷的称谓。因此，宋元时期，这一釉色介于青与白之间的瓷器品种普遍被称为青白瓷。

不过，从清代、民国时期的文献来看，青白瓷不再称为青白瓷，而被称为影青瓷。如陈浏的《陶雅》、许之衡的《饮流斋说瓷》中，将青白瓷称为影青瓷。《陶雅》中曾记载："永乐影青脱胎碗，最为可贵。"《饮流斋说瓷》中则写道："影青固甚薄之瓷也，乃有瓷质颇厚仅能一面影出青色雕花者，此则名为隐青。"将青白瓷分为两种，即薄者称为影青，厚者称为隐青。刘子芬的《竹园陶说》也对青白瓷有两种称呼，即隐青和映青。邓之诚的《骨董琐记全编》则还有罩青的说法。这样，同样的青白瓷在清代和民国时期即有影青、隐青、映青、罩青等多种名称，而实际上均指青白瓷。

在众多名称中，大多数专家学者倾向于采用青白瓷这一名称，包括权威性的陶瓷史书籍。这主要是因为：其一，宋元时期的文献记载的是青白瓷之名，当代宜沿用最早的历史名称；其二，青白瓷之名能够清晰地表达出产品的釉色特点，即介于青与白之间，而影青、隐青、映青等名称则不能清晰地表达出青白之间的釉色特点，甚至有不少人根据"影青"的"青"字而将青白瓷归入青釉系统当中。因此，在陶瓷研究领域，多数专家学者采用的是青白瓷之名。笔者所要探讨的是宋代景德镇青白瓷的活态化传承与发展，自然也按陶瓷学术研究常规，延续宋代文献中的青白瓷之名。

第二节　活态化

人类在历史中创造了无数的物质与非物质文化，这些文化形态于今天看来便是一种物质或非物质文化遗产。本书中的活态化，是对于文化遗产而言的，指的是文化遗产的活态化。活态，顾名思义，是一种鲜活的富有生命力的形态，是与静态相对的概念。静态传承下来的文化遗产是没有生命活力、供人们参观敬仰的事物；而文化遗产的活态化则是一种活跃的、可持续的传承方式，它不仅包含着传承的内容，更包容着发展变革的创新内容。本书中的宋代景德镇青白瓷审美活态化传承与发展，则指的是宋代景德镇青白瓷造型、釉色、工艺等审美内容，以及其蕴含的深厚美学思想、生活方式，等等。希冀青白瓷在当代以一种活跃、可持续的方式，包括政策宣传与保护、市场发展与交流、艺术与设计应用等，得到传承与发展。

第二章

宋代景德镇青白瓷的兴起

第二章 宋代景德镇青白瓷的兴起

第一节 窑业的繁荣

宋代景德镇青白瓷的创造绝非无中生有，也并非模仿他人，而是由自身陶瓷历史脉络顺其自然发展而来的一种独创，具有深厚的历史基础。就中国瓷业发展史而言，景德镇窑无疑是后起之秀，但却创造了中国古代瓷业史中最辉煌的篇章，曾称雄世界瓷业数百年之久。自唐代中后期至清代，景德镇窑由萌生、兴起、发展至繁荣昌盛，形成了独特的发展轨迹。而在景德镇上千年的历史发展轨迹中，唐代及五代时期的早期发展功不可没，没有早期瓷业作为基础，也就没有宋代青白瓷的辉煌，更没有明清时期的百花齐放。

景德镇窑是中国瓷业发展后期的中心窑系，在中国陶瓷史中占据着非常重要的地位，达到了中国瓷业发展的历史最高峰。不过，从中国陶瓷发展史来看，景德镇窑与邻近的早期名窑，如浙江越窑、江西洪州窑等起源于汉代的瓷窑相比，其起步却要晚得多，完全是后起之秀。虽然相关历史文献记载“新平冶陶，始于汉世”，但没有任何窑业遗址能够证明景德镇瓷业兴起于汉代。在很长时期内，中国陶瓷史界依据考古发现，将景德镇瓷业的起源定于五代时期，现行的权威性中国陶瓷史书籍均持此观点。然而，实际上，通过近年来新的考古发现，景德镇瓷业在中晚唐时期已经兴起。

唐代景德镇瓷业主要包括两大窑址，一是乐平市接渡镇南窑，二是浮梁县湘湖镇兰田窑。

乐平市接渡镇南窑于 2011 年至 2013 年正式发掘，填补了长久以来景德镇窑未发现唐代窑址的空白，可以说改写了景德镇陶瓷史及中国陶瓷史。南窑唐代遗址面积达 3 万平方米，规模宏大、堆积深厚，初步发掘出两条龙窑，其中一条长达 78.8 米，是迄今最长的唐代龙窑（图 2-1）。南窑大约兴起于中唐，晚唐时即已衰败。

乐平市虽为今景德镇市管辖，不过，其归属景德镇仅三十余年，在整个古代，景德镇均归属于浮梁县，因此权威学者在探讨景德镇古代瓷业发展史时，往往不将乐平窑计算在内，而主要探讨浮梁县境内的窑址。因此，位于浮梁县境内的湘湖镇兰田窑的唐代遗迹也就显得格外重要了，被权威学者认定为改写了中国陶瓷史，而南窑则在一定程度上被忽视。2012 年至

图 2-1　南窑遗址

2013 年，兰田窑得到大规模考古发掘，出土了大量晚唐、五代时期的瓷器产品。

鉴于五代十国时期景德镇地处十国中的南唐国，因而景德镇的瓷业发展实际上是处于十国时期或南唐国时期，但考虑到陶瓷考古界的通用做法，笔者仍将此期称为五代时期。

与晚唐时期少数瓷窑遗迹相比，五代时期的景德镇窑址数量与规模要庞大得多，其分布几乎全部集中于南河及南河的支流小南河流域，即主要分布于今浮梁县湘湖镇、寿安镇和景德镇市区及东郊。有人将景德镇东河流域的瑶里称为景德镇的“瓷源”，实际上，景德镇的“瓷源”应是南河流域，晚唐、五代时期的东河流域山高林密、人烟稀少，尚未发现瓷窑遗存。兰田窑即分布于南河流域的上游，五代时期继续沿用，其他沿河分布的瓷窑可能都发源于兰田窑（图 2–2）。南河与小南河流域的五代时期景德镇窑分布极为密集，主要有兰田、白虎湾、湘湖、盈田、塘下、湖田、黄泥头、

图 2–2　兰田窑遗址

杨梅亭、铜锣山、月光山、寿安、南市街、落马桥、十八渡、李家坳等，至少数十处之多。由于大家对五代时期景德镇瓷的价值还没有充分认知，所以长期以来对五代时期景德镇窑址缺乏科学发掘与保护，仅有数处遗址得到一定保护，其余大部分遗址破坏极其严重，甚至还有一些完全被基建铲除。

五代时期的景德镇瓷业之所以在南河流域兴盛发展，与南河流域优越的自然条件密切相关。五代时期，景德镇东河上游的高岭土还未被发现，仅采用瓷石——一种原料进行瓷器制作，即所谓“一元配方”，而南河流域曾经分布有储量巨大的优质瓷石矿，如进坑、三宝等地都是当时优质瓷石矿的重要产地，为村窑奠定了坚实的基础。与此同时，南河流域为丘陵地带，盛产松柴和槎柴，为瓷业生产提供了充足的燃料。另外，南河流域水源十分丰沛，分布着非常密集的溪流，可以通过水碓对瓷石进行淘洗和粉碎工作，可大大减轻工作强度。

唐代景德镇陶瓷产品主要为南窑和兰田窑产品。从釉色上来观察，南窑瓷器产品主要为典型的唐代青瓷，在唐代“南青北白”的瓷窑体系中属于南方青瓷体系，与浙江越窑、江西洪州窑、湖南长沙窑，乃至中原的河南鲁山窑产品均有相似之处，可见其是在广泛吸取其他名窑烧制基础上兴起的。南窑采取了比较先进的方法烧造瓷器，其高档瓷器多采用匣钵装烧，主要为青釉瓷，但也包括一些酱釉瓷。其青釉瓷色泽丰富，有青黄、青褐、青灰等颜色。在装饰方面主要采用褐彩进行题字或描绘简单的纹样。南窑产品造型颇为丰富，包括各类瓶、罐、执壶、碗、盘、盏等，甚至还罕见地发现了腰鼓、茶碾等。图 2–3 即为一件乐平南窑出土的青瓷腰鼓，腰鼓并不是中原地区的乐器，而是广泛流传于西域地区的打击乐器，这种乐器在南窑出现，一方面表明乐平唐代南窑的青瓷产品已经通过丝绸之路远销

图 2–3　南窑青瓷腰鼓

到了西域地区，另一方面则表明南窑对北方窑口产品的借鉴与模仿。唐代北方地区的鲁山盛产花瓷，其中以花瓷腰鼓最负盛名，南窑腰鼓虽然是以青瓷方式制作，但是在形制上是一致的，表明南窑腰鼓是对北方鲁山花瓷腰鼓的借鉴。

兰田窑的晚唐瓷器采用龙窑烧造，与南窑一样，也是青釉产品，除常见的碗、盘、执壶、罐以外，还发现了腰鼓、茶碾、瓷权等，产品与南窑相同，因而其很可能是晚唐时期衰败后的乐平南窑瓷工北迁至浮梁的结果。图 2–4 为一件兰田窑晚唐时期青瓷碗，采用的是支钉叠烧的方式，碗的中间留有支钉的痕迹，从青瓷发色来看，色泽并不纯正，呈现出青黄相间的釉色，这也表明这一时期的青瓷还处于一种初期发展阶段，技术尚不成熟。另外，在兰田窑晚唐瓷器中还发现有白釉瓷，率先打破了唐代“南青北白”的制瓷格局。图 2–5 为一件兰田窑出土的白瓷碗，可以看到其釉色已经达到了很高的白度，在质地上可以说并不输于北方的邢窑，由于其采用的也是支

图 2-4　唐代兰田窑青瓷碗

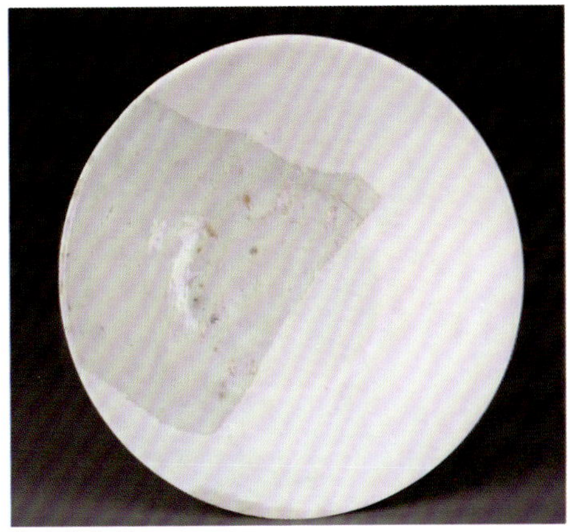

图 2-5　唐代兰田窑白瓷碗

钉叠烧的烧造方式，碗心也留有支钉的痕迹。虽然这类白瓷在兰田窑中的数量并不多，但是意义却非常重大，为青白瓷的出现奠定了重要的历史基础。

五代时期景德镇窑址达数十处之多，产品非常相似，显示出其均为同源而生。五代时期景德镇窑产品几乎全部是青釉瓷产品，但也有一部分为白釉瓷产品，同时期的安徽境内的窑址中也发现了白瓷，二者之间的关系还有待考证。五代时期景德镇窑沿河分布于广大乡村，规模普遍较小，产品大多数为粗瓷，主要是生活中使用的碗、碟和壶类，采用的仍是落后的支钉叠烧的方式，因而在器物上留下难看的支钉痕迹，且窑址中废品非常多，与当时的越窑等名窑相比，其制作水平相差甚远，种种迹象表明当时的制作与烧造技术均不够成熟，仍为初创时期，显然还处于“耕且陶焉”的状态，为农村的副业而非主业，产品仅在附近乡村或城镇中销售，在中国瓷业中尚未形成重要影响力。图 2-6 为一件五代时期景德镇青瓷四系盖罐，它不同于碗、碟等日用生活器具，它作为一种明器，是宋代魂瓶的前身，流行于江西地区。从釉色上看，较兰田窑要成熟不少，青色发色更为纯正，这表明在工艺技术上有了较大提高。图 2-7 为一件五代时期景德镇白瓷碟。

图 2-6　五代景德镇青瓷四系盖罐

从这件白瓷碟来看，采取的是落后的支钉叠烧技术，碟中心留有 12 颗支钉痕迹，影响了釉色美观，但是其釉色莹白温润，具有较高的白度，不过，我们从中也可以看出其白中微显青色。事实上，五代时期景德镇窑的白瓷中，白中显青的产品并不少见，有专家学者将景德镇窑青白瓷的出现认定为五代时期。

图 2-7　五代景德镇白瓷碟

综上所述，从晚唐至五代时期的景德镇窑，虽然处于早期阶段，但在釉色上已经能够制作较为成熟的青釉和白釉瓷，青白瓷的釉色是介于青釉与白釉之间的一种过渡釉色，而晚唐至五代时期景德镇窑同窑而烧的青釉瓷和白釉瓷，无疑为宋代青白瓷的创造奠定了非常坚实的历史基础。可以说，宋代景德镇青白瓷是在唐、五代时期白瓷基础上，结合青瓷并进行融合而形成的。

第二节　工艺材料的发展

宋代景德镇青白瓷的产生，固然离不开其晚唐至五代的历史发展基础，更离不开这一时期的工艺基础。宋代景德镇青白瓷的产生，既与宋代景德镇的制釉原料相关，同时也与制胎原料密切相关。这是因为离开了胎体，釉料无从附着，同时釉色也需要胎体的映衬，因此，宋代景德镇青白瓷的产生，离不开胎釉工艺材料这一重要基础。

从整个宋代景德镇青白瓷胎质和釉质所使用的原料来看，其所采用的是同一种原料，也即瓷石。宋代时期，景德镇境内密布着丰富的瓷石矿藏，这是景德镇青白瓷得以繁荣发展的工艺材料基础，景德镇青白瓷的胎质和釉质均决定于当地瓷石的品质。由于宋代景德镇青白瓷的胎体和釉料取材于当地的瓷石，二者表现出来的色泽特点是一致的，均为白中泛青的青白色调。当然，由于北宋时期开采的主要是中上层的瓷石，而南宋时期主要开采的是中下层的瓷石，所以南宋时期的胎釉材料要逊色于北宋时期，但也由此而产生了不同的审美风貌。

已故的著名陶瓷学家周仁先生曾经对其在宋代景德镇青白瓷窑址中采集的标本进行科学分析测试，发现其采用的胎釉原料仅为瓷石一种，也即一元配方。景德镇地区所产的瓷石，一般由绢云母、高岭石等黏土物质组成，是由长英岩蚀变而成的，其中的长石转变为绢云母、水云母，以及少量的高岭石等。景德镇瓷石在经过水碓粉碎之后，加水即能够成为可塑性强的黏土物质。图 2–8 为景德镇传统手工制瓷业中所采用的水碓。水碓是很多农村地区的传统用具，主要是用来舂米，而景德镇古代工匠们则将水碓用来粉碎瓷石。其动力来源于水轮，在溪水的落差作用下转动并带动碓杆，将瓷石放在石臼中，以碓杆持续不断地敲砸瓷石，使其成为粉状，再加水制成块状备用。如果采用景德镇地区的上层瓷石作为原料烧制瓷器，即使不加入高岭土，在 1200℃的高温烧造下也不会发生变形。一般认为，直至元代，景德镇陶瓷才在瓷石中加入高岭土，从而形成了有别于采用单一瓷石配方的新的胎釉配方。

图 2–8　水碓

宋元之际的蒋祈曾经创作了一篇著名的关于陶瓷的文章《陶记》，关于这本书的具体创作时间尚存一定争议，或认为是宋，或认为是元，但不管怎样，文中所记载的一些重要的事实对于研究宋代青白瓷的工艺材料具有非常重要的作用。《陶记》中称："景德陶，昔三百余座，埏埴之器，洁白不疵，故鬻于他所，皆有'饶玉'之称。"同时，文中还提到了几个重要的瓷石制作地点："进坑之泥，制之精巧。湖坑、岭背、界田之产，已为次矣。"这表明，进坑、湖坑、岭背、界田等地是景德镇最重要的瓷石产地，而这些地方的瓷石直至若干年后，依然在进行开采，并保留有水碓。湖田窑的遗址中曾经出土刻有"进坑""试下项泥"的青白瓷残片，下项村属于岭背地区。其中"进坑"的青白瓷残片釉色白里微微泛青，胎骨洁白，如玉般精美，而"试下项泥"的青白瓷残片的胎釉品质则不如前者，这就印证了《陶记》的相关记载属实。文中所提到的湖坑则很可能是湖田窑往南的三宝地区，该地区的瓷石开采甚至一直延续至今天。岭背则是牛角岭的邱冲坞、下项村一带。界田则位于景德镇东北一带。这些地区所提供的丰富的瓷石原料成为宋代景德镇青白瓷釉色形成的重要工艺材料基础。

宋代景德镇瓷石能够单一成瓷，是与瓷石独特的物质成分密切相关的。据测定，宋代景德镇瓷石包含了石英58%、绢云母27%～34%，高岭石仅1%～12%。值得注意的是，蒋祈的《陶记》中仅记载了瓷石的原料产地，但就高岭土的主要产地，如高岭、大黄、大洲等地并没有记载，这表明在蒋祈所处的年代，高岭土还没有得到开采，因此，不管这篇文章是成文于宋代，还是成文于元代，都表明了一个事实，宋代景德镇青白瓷仅采用了瓷石一种材料，并没有加入高岭土。而从对宋代景德镇青白瓷遗址残片的测试分析也表明，胎釉仅采用了瓷石一种原料。从景德镇瓷石与高岭土的分布情况来看，瓷石主要集中分布于景德镇南河流域，瓷业生产也主要集中在南河流域，而高岭土则主要分布于景德镇东河及西河流域，两种矿产在地理位置上的分离，可能是瓷石加高岭土的二元配方在宋代景德镇长期没有得到应用的原因。

从瓷石材料埋藏的地层来看，上层瓷石材料显然在品质上更为优越，而下层瓷石材料则较为逊色。这是因为上层瓷石风化程度更高，也更为柔软，并含有一定的绢云母、高岭石等物质，可塑性更强。从考古实物的科学测试来看，北宋时期的景德镇青白瓷主要采用了风化程度较高的上层瓷石，而南宋时期则采用了风化程度较低的中下层瓷石，这就使得南宋景德镇青白瓷所采用的胎釉材料要逊色于北宋时期。

宋代景德镇青白瓷制胎原料和制釉原料均采用瓷石，但釉料中除瓷石以外，还添加了一些物质作为熔剂。这些物质并非矿物质，而是有机物质。蒋祈的《陶记》中记载："攸山、山槎灰之制釉者取之，而制之之法，则白垩炼灰，杂以槎叶木柿火而毁之，必剂以岭背'釉泥'而后可用。"攸山应为游山，山槎则为仙槎，两地均盛产石灰石，且柴草茂盛，"灰"指的是釉灰，用石灰和草木灰拌匀备用，在釉中发挥着熔剂的作用。釉泥即釉果或釉石，是采用风化较浅的瓷石制作而成，可塑性很低，将釉果与釉灰相配合便形成了景德镇青白瓷所采用的釉料。这种方法在后世得到长期沿用。由此可见，宋代景德镇青白瓷制胎原料与制釉原料均为瓷石，所不同的是制釉原料中添加了釉灰作为助熔剂，本质上并没有什么区别，以瓷石为基础的胎釉工艺材料是构成宋代景德镇青白瓷的主要工艺基础。

从宋代景德镇青白瓷胎釉的原料来看，其本质上并没有在瓷石中添加新的物质，那么为何釉料能够变化为白中泛青的色彩呢？这主要在于烧造技术的提高。在较强的还原焰的条件下，由于瓷石受到其所含氧化铁的作用，采用单一瓷石制作的景德镇瓷就能呈现出青白釉色。北宋初期，景德镇制瓷技术尚未摆脱早期烧制技术的不成熟，不能很好地控制窑内的气氛，受到氧化焰的干扰，也不能形成稳定的青白色泽，还常常出现发黄的情况，能够呈现纯正的青白釉色的产品并不多。北宋中期，景德镇烧造技术已经得到提高，同时在装烧方法上采用匣钵以阻隔氧化焰的影响，大多数即呈现出纯正的青白釉色。北宋晚期及南宋早期，烧造技术进一步成熟，景德镇青白瓷已完全达到青白如玉的效果。只是南宋中后期因优质上层瓷石用尽，釉色品质才有所下降，但烧造技术在一定程度上能够弥补原料缺陷。

第三节　审美观的主导

宋代景德镇青白瓷的产生既离不开历史基础与工艺基础，也离不开审美基础。从我国陶瓷发展历史来看，釉的产生显然具有很强的偶然性，这种在陶器烧造中偶然附着于陶坯表面的釉，在世界其他国家的陶器烧造中肯定也会产生，但唯独在中国得到了持之以恒的发展，并最终成为瓷器中至为重要、至为闪光的一部分，这显然与中国人独特的审美观有密切关系。以审美眼光看待釉色是推动中国瓷釉发展的动力与内因的重要组成部分，否则不会产生五彩缤纷的各类色釉，宋代景德镇青白瓷釉色的产生也同样如此，它形成的直接动因是社会审美，没有社会审美作为基础，宋代景德镇青白瓷是无法产生的。

景德镇青白瓷虽然是在宋代产生的，在晚唐至五代时期的景德镇窑中并未见有青白瓷，但探讨其审美基础必然要从晚唐五代时期开始。晚唐五代时期，景德镇窑有一个突出成就，即创烧了南方最早的白瓷之一，而从社会审美观来看，当时的南方延续着青釉的喜好，对青釉情有独钟，白釉则契合于当时北方的社会审美观。那么，既然在作为南方地区的景德镇，当时青瓷审美是占据主导的，白瓷仅占很小一部分，那是什么原因导致了景德镇烧制了白瓷呢？这是一个颇耐人寻味的问题，究其原因，可能与北方移民有关。晚唐时期的战乱可能导致了北方移民南下，并将白瓷审美带到了景德镇，而五代时期景德镇属于南唐国的一部分。作为李氏皇族建立的南唐国，北方宗族自也不在少数，这或许正是晚唐五代时期景德镇出现白瓷的原因。可以说，晚唐五代时期青、白瓷同时生产所体现的是景德镇社会审美观的南北杂处，可能也正是这种混合型的审美观，催生了融青瓷审美与白瓷审美于一体的青白瓷。

与此同时，中国人自原始社会以来对玉的审美观也是景德镇青白瓷形成的重要基础。玉虽然在世界各国都普遍存在，但国人对其情有独钟，而瓷釉由于与玉的色泽及质地非常相似，从而在宝玉数量越来越少的情况下，在很大程度上成为玉的代用品，而国人对玉的审美观也转嫁其上。从色泽上来说，青玉、青白玉、白玉是其中最为多见的。在宋代之前，青釉和白釉已经流行了很多年，但青白釉却并未出现，不得不说是一种缺憾。而宋代初期，景德镇工匠有意无意地烧制出了青白瓷，由于其釉色与人们对青白玉的审美相契合，很快获得人们的青睐，从而促使景德镇工匠继续完善青白瓷烧造技术，进而烧造出纯正完美的青白瓷。青白瓷与青白玉色泽完全相同，满足了人们的尚玉审美，并填补了类青白玉色泽的空白，可见尚玉审美也是宋代景德镇青白瓷产生的重要基础。

第三章

宋代景德镇青白瓷的发展历程

第三章 宋代景德镇青白瓷的发展历程

第一节 宋代景德镇青白瓷发展概况

中国自唐代以后陷入五代十国的混乱时代，对国家经济生产造成了巨大破坏，给人民带来了巨大痛苦，而960年宋朝的建立则使社会进入相对稳定发展的时期，为经济和文化的发展提供了有利条件，也使我国的手工业与商业进入一个高度繁荣的发展新阶段。与过去不同的是，宋代为加强手工业与商业管理，采取了城乡分治政策，使得许多手工业者和经商者得以从农业中解脱出来，并聚集在大小城镇当中，从而出现了大批新兴的工商业城镇，并迅猛扩张发展。作为中国最重要的传统手工业之一的制瓷业也于宋代进入空前的发展高峰。受益于城乡分治的政策，宋代的手工制瓷者脱离了农业生产活动，摆脱了“耕且陶焉”的落后局面，使得瓷业生产与销售都极为活跃，几乎全国各省区都发现有规模宏大的宋代瓷窑遗址，其分布之广泛居历代之最。在唐代邢窑、越窑等名窑的基础上，宋代先后发展起包括五大名窑（汝窑、哥窑、官窑、钧窑、定窑）、耀州窑、磁州窑、景德镇窑、龙泉窑、建窑、吉州窑等无数窑场，均以各自独特的产品而声名远扬。这些名窑均以独特的釉色而闻名，如汝窑、耀州窑、龙泉窑、官窑等，均以青瓷而闻名，但其釉色却各具特色，具有不同的审美特点，哥窑以独特的裂纹釉而著名，定窑以白釉驰名，建窑、吉州窑以黑釉瓷而蜚声大江南北，钧窑则以钧釉独步天下。在釉色百花齐放的宋代诸窑中，景德镇窑独辟蹊径，以独具魅力的青白釉色而闻名于世。

景德镇在唐代及五代时期主要生产青瓷和白瓷产品，而宋代时期，在青瓷和白瓷的基础上生产出了介于青瓷与白瓷之间的青白瓷产品。青白瓷犹如玉器般的釉色独树一帜，深得民众喜爱，蜚声海内外，并成功地赢得了帝王的关注。在宋代景德镇境内，生产青白瓷的窑场众多，主要分布于昌江支流的南河流域一带，与唐代、五代时期的窑址具有一种自然延续的关系，著名的窑址有湖田、黄泥头、杨梅亭、湘湖、白虎湾、南市街等，特别是湖田窑的宋代窑址规模十分宏大。宋代景德镇窑青白瓷的优越品质还引起了其他地区的纷纷效仿，从而形成了以景德镇为中心的巨大的青白瓷窑系，成为宋代主要窑系之一，在南方与龙泉窑系并驾齐驱。

宋代景德镇窑青白瓷在中国各省区，甚至在世界各国中均有广泛发现，这主要得益于宋代繁荣的海外贸易。早在唐代，中国瓷器即已经通过远洋运输传播到海外，而在宋代时，瓷器的外销更为广泛。为了提高国家财政收入，宋代统治者采取了许多措施促进经济发展，其中包括鼓励海外贸易。由于陆上丝绸之路已经被北方少数民族政权所阻截，宋代瓷器几乎全都依赖于海上输出，而这也促使宋代大力发展造船业和航海技术，而指南针的发明则使得宋代远洋贸易更加繁荣。宋代景德镇窑的青白瓷经过昌江进入鄱阳湖，再进入长江，然后借助于发达的海运行销海外，包括韩国、日本，以及东南亚、南亚、西亚、北非、西非的许多国家和地区都曾发现来自景德镇的青白瓷。海外贸易的空前发达极大地推动了宋代瓷业的发展，宋代景德镇窑青白瓷在此背景下，工艺技法、装饰技艺不断得到完善。海外贸易不仅给世界各国带去了中国瓷器，同时也将世界各地的产品和文化带到中国，并与中国文化进行广泛交流，而中国瓷器为了适应世界各国的审美需求也做出了一些变革。

宋代时期，统治者重文轻武，帝王往往具有浓厚的文人气质，多喜爱文化艺术。景德镇窑的青白瓷如玉如冰的品质非常契合文人士大夫的审美趣味，因此深得文人士大夫群体的喜爱，也正因为如此，好学而具文人气质的北宋真宗赵恒将景德年号赐予景德镇（景德镇原名“昌南镇”），这一名称至今已沿用了一千多年。

宋代在科举考试上进行了革新，打破了唐代的门第界限，为广大的寒门才子提供了机会，大量平民进入统治阶层，从而使宋代民间极为重视文化教育，既造就了鼎盛文风，也造就了宋代高雅的文人审美趣味。文人士大夫群体的优越地位使得宋代的文人审美成为社会审美主流，几乎各类艺术都烙上了深深的文人审美印迹，朴素淡雅的青白瓷也正是在宋代文人审美大行其道的背景下得到了普遍关注与赞赏，风行于两宋数百年而长盛不衰。

第二节　宋代景德镇青白瓷产品特征

宋代景德镇青白瓷产品种类非常丰富，从器型上来看，主要有各类瓶、钵、罐、注子、注碗、执壶、碗、盘、碟、花浇、盏、杯、枕、盒，等等，多为饮食器，亦有一部分为盛贮器、陈设器，另外还生产大量的青白瓷雕塑产品，以佛像、瓷俑为多。图 3–1 为一套北宋景德镇青白瓷注子、注碗，可以说是宋代景德镇青白瓷产品中最为脍炙人口的产品，其釉色青白莹洁、温润如玉，由注子和注碗两个组件构成，作为酒具之用，注子在上，用来盛酒，注子顶端作一狮形盖纽，注碗则用来盛热水作为温酒之用，呈莲瓣形，造型十分美观，充分体现出宋代景德镇青白瓷工艺的精致成熟。图 3–2 为一件南宋景德镇青白瓷“水月观音”雕塑，这件作品显示出非常高超的雕塑技巧，观音低首垂目，神情慈祥，以磐石为座，结构复杂而精巧，施以青白釉，釉色莹润美观，整件作品令人赏心悦目。

宋代景德镇巨量的青白瓷产品顺南河入昌江，再进入鄱阳湖和长江，远销海内外。当时的景德镇属于浮梁县下属的一个镇，但并非浮梁县境内窑业最为发达者，湖田才是宋代青白瓷最大的窑场，但由于景德镇地处南河与昌江交汇口，成为南河流域青白瓷的集散地，包括湖田在内的诸多青白瓷产地均将产品运输至景德镇，故而外地客商将这些青白瓷都归于景德镇所产，景德镇因此名声大噪。

宋代景德镇窑青白瓷白中泛青、莹润如玉、质地细腻，故而有“假玉器”之称，为了尽显青白釉色之美，其装饰主要采取的是刻花、划花、印花等技法，使青白釉色得到更好展现，而很少采取彩绘装饰，以避免彩绘

图 3–1　宋代景德镇青白瓷注子、注碗

图 3–2　南宋景德镇青白瓷“水月观音”雕塑

装饰遮盖釉色之美。图 3–3 为一件北宋景德镇青白瓷刻花斗笠碗，以灵动而富有抽象意味的刻划线条表现了婴戏乐舞纹饰，其釉色滋润透亮，具有极强的玻璃质感，特别是底部积釉处，呈现出如翠玉般的质地。图 3–4 为一件南宋景德镇青白瓷印花盒。瓷盒为精巧的圆形，盒面印有盛开的牡丹，造型饱满，釉色莹润。

景德镇窑青白瓷的刻划花与印花纹饰题材丰富，主要为各类植物纹饰，包括菊花、莲花、牡丹、梅花、竹子、桃花、兰花等，还有少量的动物纹饰，如飞鸟、水禽、鱼、鹿、麒麟、龙等，也有一些人物纹饰，如婴戏纹等，此外还有大量的图案纹饰用于装饰器物的口沿部、底部等。

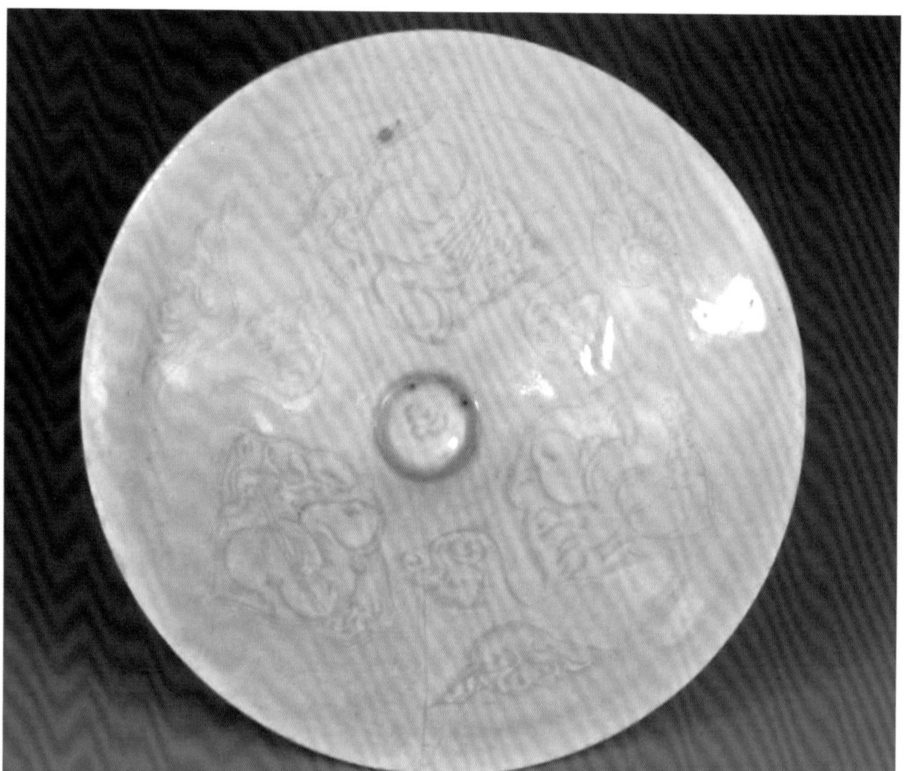

图 3–3　北宋景德镇青白瓷刻花斗笠碗

图 3-4 南宋景德镇青白瓷印花盒

由于在刻划及印花的线条中釉层相对较厚，呈现出更加显著的青色，与周边相对较白的釉色形成更为清晰的青白釉色对比，使青白釉色更加悦目动人。

宋代景德镇窑青白瓷装饰纹样与当时的金银器、玉器等名贵工艺品的装饰纹样颇为相似，表现出明显的效仿与借鉴。从刻花、划花、印花的技法到纹样，宋代景德镇窑青白瓷无一不呈现出对金银器、玉器等的模仿。由于青白瓷制作材料价格较金银和玉石低廉，因此，青白瓷的这种装饰方法显然能够满足普通百姓对金银器与玉器等更高端工艺品的审美需求。

不仅在装饰技法上，在构图方面，宋代景德镇青白瓷产品亦有自身特色。宋代景德镇青白瓷匠人们依据器物的不同造型及用途，采取适合的构图方式来安排装饰纹样的位置。由于当时青白瓷的实用性特点，瓶类等陈设瓷并不多，因此，匠人们更多的是从实用角度进行青白瓷的构图设计。许多青白瓷纹样采取的是非常简洁的方式，其中不少甚至素面无纹，简洁疏朗的构图主要适应于宋代文人清雅淡泊的审美趣味，但也有不少采取的是较为繁密的装饰构图，一方面是受到出口中东的影响，青白瓷繁密构图日渐增多；另一方面则是出于部分民间审美的需求，因为宋代虽然以简淡的文人审美为主，但繁密的民间审美依然广泛存在。

虽然从总体上来看，宋代景德镇青白瓷采用的原料基本一致，即均采用瓷石作为主要原料，但是从考古发现情况来看，北宋时期与南宋时期的景德镇青白瓷是有区别的，因此，景德镇宋代青白瓷产品也大致分为北宋与南宋两大类型。北宋时期与南宋时期景德镇青白瓷产品所采用的原料虽然相同，却有一定的品质差异，北宋采用了品质更优良的中上层瓷石，而在南宋后期则只能采用杂质较多、品质较差的下层瓷石，因而北宋景德镇青白瓷产品品质往往显得更为优越。北宋时期与南宋时期的景德镇青白瓷在装饰技法、烧制方法等方面也存在着不同。北宋时期景德镇青白瓷产品采用刻花、划花、印花等多种方法，南宋则主要采用印花方法。北宋时期景德镇青白瓷产品主要采用仰烧工艺，而南宋时期则主要采用覆烧工艺，这就决定了二者之间在胎釉厚薄、器型等方面也形成了一定的差异。

元代时期，由南宋延续而来的青白瓷产品依然很多，尽管质量普遍下降，不过其中的精品也不失光致茂美，但多数为粗瓷，除青白瓷粗瓷以外，还生产一些黑釉、青釉粗瓷产品。这些由南宋延续而来的景德镇青白瓷产品显然为普通的民用瓷，并不为官方所重，官方更重视的是枢府瓷的烧造，因而在元代后期，景德镇青白瓷产品即趋于衰败，也标志着青白瓷产品辉煌时代的终结。

第三节 北宋、南宋景德镇青白瓷釉色分期考察

北宋与南宋时期，景德镇青白瓷发展处在不同的社会时代背景下，其发展状况产生了一定差异，从釉色上来看，也是如此。宋代景德镇青白瓷釉色发展大致可以分为北宋和南宋两个时期。下面通过二者之间的对比分析来考察宋代景德镇青白瓷釉色发展状况。

一、原料的差异使北宋与南宋景德镇青白瓷产生差异

景德镇曾经遍布极为丰富的优质瓷石资源，特别是在南河流域，分布极为广泛，这使得北宋时期的景德镇青白瓷得以采用中上层瓷石，从而能够制作出品质更为优越的瓷胎与瓷釉。一方面，北宋时期的青白瓷釉本身品质极佳，显得晶莹温润，如同青白玉一般；另一方面，在优质瓷胎的映衬下，青白瓷釉色更显得莹泽润厚。当然，北宋时期的青白瓷并非一开始就取得如此成就。在北宋初期，因技术不够成熟与完善，青白瓷的釉色发色不稳定，常常偏黄、偏灰，而在北宋中后期，则由于技术的成熟而达到非常纯正的青白釉色。与北宋相比，南宋时期只能继续深度挖掘瓷石原料，而下层的瓷石原料杂质较多，从而影响到胎体和釉料的质量，也就难以达到与北宋景德镇青白瓷相一致的温润釉色。图 3–5 为一件北宋时期景德镇青白瓷花口碟，采取了六缺花口的造型，采用刻花装饰，刀法流畅娴熟，其胎质洁白细腻，显然是采用上层瓷石制胎，釉色青白透亮，呈现出纯正的青白釉色，晶莹如青白玉，具有典型的北宋中后期景德镇青白瓷特点。图 3–6 则是一件南宋时期景德镇青白瓷花口碟，它采用覆烧工艺烧制，因而口沿

图 3-5 北宋景德镇青白瓷花口碟

图 3-6 南宋景德镇青白瓷花口碟

有芒，为八瓣花形，内刻清晰的荷花纹，其胎体较北宋时期的青白瓷碟轻薄，釉层虽也莹润似玉，但与北宋时期青白瓷碟相比，其青白色的纯正程度不如北宋时期，玉质感也不如北宋时期，二者之间在胎釉品质上还是存在一定差距的。

二、装烧工艺的不同使北宋与南宋景德镇青白瓷产生差异

景德镇装烧工艺呈现出不同的发展变化，在宋代之前，景德镇瓷基本采用的是落后的支钉叠烧工艺，而在北宋则发展为仰烧工艺，采用匣钵装载。由于采用了匣钵装烧，一器一匣，在烧造时可以将烟尘杂质隔绝在外部，其受热也更为均匀，使得北宋青白瓷的釉色能够更为均匀，也少有杂质出现，青白釉色得以更为完美地呈现。而南宋时期受到了定窑的影响，在装烧方式上改为了以覆烧为主。覆烧的好处是能够在同样体积的柴窑中烧造更多的产品，显然这是为了适应南宋繁荣的对外贸易而产生的对产品的更大需求。但是由于在覆烧时，器物口沿部位是无法上釉的，这就出现了芒口的现象，也即口沿部是涩胎，往往需要采用包金、包银等方式加以解决，这一方面加大了产品的成本，另一方面也影响了釉色的完整性。同时，由于许多产品面向普通民众，并不采用金属遮盖口沿部位，不仅影响视觉、触感以及手感，更影响到釉色的完整呈现。另外，由于采用覆烧工艺，釉层不能施厚，否则一旦发生流釉现象，就有可能导致各器物间发生粘连，甚至导致整体垮塌的严重后果，在南宋窑址中，这一类废品是颇为常见的。釉层较薄也使得南宋青白瓷釉色无法达到北宋青白瓷釉色的醇厚品质。此外，覆烧还可能使得在烧造过程中杂质增多，从而影响釉色。

三、成型工艺不同使北宋与南宋景德镇青白瓷釉色的发色产生差异

北宋以前，景德镇窑采用的是拉坯成型的工艺，北宋时期景德镇青白瓷也延续了这种成型工艺。南宋时期景德镇青白瓷也主要采用拉坯成型工艺，但更为成熟精致。南宋时期景德镇青白瓷采用更为精湛的成型工艺，这在很大程度上弥补了其原料及装烧工艺的不足。由于南宋时期的景德镇青白瓷采用了更为精细的成型技术，往往胎体更为轻薄，从而使得透光性能更好，在光线的透射下，使得釉色显得晶莹剔透，格外美观。

图 3–7　北宋景德镇青白瓷瓜棱形执壶

而北宋时期的景德镇青白瓷则往往显得胎体更加厚重，因施釉也更厚，在透光性能上显著地不如南宋景德镇青白瓷，因而在釉色上也就呈现出醇厚有余而晶莹不足的视觉感受。从视觉质感体验来说，北宋时期的景德镇青白瓷如同青白玉，而南宋景德镇青白瓷则更接近于玻璃的光泽。图 3–7 为一件北宋景德镇青白瓷瓜棱形执壶，其造型典雅丰满，胎体厚重，釉层肥厚，散发出纯正的青白色调。图 3–8 则为一件南宋景德镇青白瓷瓜棱形执壶。这件执壶与北宋执壶相比，其造型更小巧，胎体也较为轻薄，具有更强的透光性，釉层也呈现出如玉般的青白色调。

四、装饰技法不同使北宋与南宋景德镇青白瓷产生差异

北宋景德镇青白瓷主要采用的是刻花、划花技艺，在后期也出现了一

图 3–8　南宋景德镇青白瓷瓜棱形执壶

些印花产品，但典型的北宋青白瓷装饰为刻划花。北宋时期景德镇青白瓷刻划花不同于北方的耀州窑与南方的龙泉窑，采用传统的半刀泥技法，线条流畅、纹饰生动。刻划花的采用，使北宋景德镇青白瓷胎上呈现出各种深浅不同的雕刻纹饰。在雕刻线条中，由于釉料的堆积，呈现出更侧重于青绿的色泽，而未雕刻线条的部位则较白，从而形成青白对比，使青白釉色更加突出与美观。南宋时期景德镇青白瓷由于胎体较薄，并不适宜采用较深的刻划技法，因为一旦操作不慎，就可能使胎体破裂，因而其刻划花往往较浅，并大量效仿北方的定窑，采用印花技法。与北宋景德镇刻划花相比，印花的纹饰更为繁密，釉色的青白对比也就显得更为丰富而富有层次感。图 3–9 为一件北宋时期景德镇青白瓷刻花花口瓶，其瓶口采取的是荷叶形

图 3–9　北宋景德镇青白瓷刻花花口瓶

图 3–10　南宋景德镇青白瓷刻花花口瓶

八花瓣敞口造型，运用刻花进行装饰，颈部采用了蕉叶纹饰，肩部和腹部则刻满了卷草纹，其釉层肥厚，刻划纹饰较深，刻纹处积釉较厚，更显青色，从而使青白釉色更具一种对比之美。图 3-10 为一件南宋时期景德镇青白瓷刻花花口瓶，在造型上与北宋时期的花口瓶非常相似，但胎体更显轻巧，釉层也较薄，也采用了刻花的装饰方式，其刻花线条较北宋时期要浅，并且较为随意，线条较为模糊，青白釉色的对比也不强烈。图 3-11 是一件南宋时期景德镇青白瓷印花瓶，采用了印花装饰手法，纹饰繁密并形成较复杂的构图方式，釉色青白对比较为显著。

五、造型不同使景德镇宋代青白瓷产生差异

图 3-11　南宋景德镇青白瓷印花瓶

北宋前期的景德镇青白瓷造型中最为流行的是一种鼓腹的高足碗，中晚期以后则最流行斗笠碗，造型俏丽而修长。虽然不失轻灵，不过与南宋景德镇青白瓷造型相比，北宋景德镇青白瓷则明显表现出胎体较厚的特征，显得更为敦厚。南宋景德镇青白瓷在造型上追求轻灵秀美，无论是斗笠碗，还是盘、碟等，均是如此，小巧而秀挺。北宋有着相对敦厚的造型，其施釉也相应更厚，从而形成相对敦厚的釉色；南宋有着轻灵的造型，其施釉也相应更薄，釉色也就显得更为明快。图 3-12

图 3–12　北宋景德镇青白瓷粉盒

图 3–13　南宋景德镇青白瓷粉盒

为一件北宋时期景德镇青白瓷粉盒，底部有高足，造型显得敦厚端庄，胎质洁白细腻，釉质青白如玉。图 3–13 则为一件南宋时期景德镇青白瓷粉盒，其在造型上较北宋时期青白瓷粉盒圆润、轻巧、简洁，没有高足，釉层也显著薄于北宋时期的粉盒，青白色泽也就不如北宋时期的釉色醇厚。

但是由于景德镇在北宋与南宋的过渡中，并没有受到直接的战乱等因素冲击，因而二者的青白瓷生产是一种自然延续的历史进程，因此，我们仍然应当将北宋与南宋景德镇窑青白瓷视为一个整体，将景德镇青白瓷视为同一审美理念下的产物，折射整个宋代审美观念、审美情趣、美学思想。

第四章 宋代景德镇青白瓷的形成因素分析

第四章　宋代景德镇青白瓷的形成因素分析

第一节　得天独厚的自然条件

景德镇地处江西东北部，其地形多丘陵，大多数地区属于江南丘陵的一部分，只有靠近河流的地区形成一些很小的平原地带。景德镇为典型的亚热带季风气候，春、夏、秋、冬四季分明，全境山峦起伏，植被覆盖率极高。昌江河是景德镇的母亲河，其由安徽祁门发源，然后流经景德镇，并有南河、西河、东河等大小支流，形成了稠密的河网和便利的水运系统。船只经昌江河可以直通中国最大的淡水湖鄱阳湖，并经长江入海，或经长江进入京杭大运河北上。同时，宋代时期的景德镇，境内埋藏着非常丰富的瓷石、高岭土等制瓷所必需的矿产资源。景德镇这些丰富的自然资源为瓷业生产提供了得天独厚的优越条件，而宋代景德镇青白瓷正是借助于这些优越的自然资源得以兴起与发展。

古人用“水土宜陶”来形容景德镇自然资源与瓷业发展的关系。景德镇全境密布的山区生长着非常茂密的松树、杉树以及其他各种植物，为宋代陶瓷的烧造提供了非常充足的燃料。特别是松树，宋代青白瓷主要采用松木烧造，松木的火焰持久稳定，烧造之后青白瓷能够形成如同玉石般的色泽。山区中槎柴资源也极为丰富，而槎柴与石灰配合烧炼所形成的釉灰是配制青白瓷釉料必不可少的助熔剂，在釉灰的作用下，宋代青白瓷才能形成白中闪青的如玉釉色。

虽然如今景德镇已经成为资源枯竭型城市，但是在宋代，瓷石资源还是非常丰富的，特别是北宋时期还有大量优质的上层瓷石。这些瓷石也是配制宋代青白瓷釉料必不可少的原料，宋代青白瓷匠人采用风化较浅的瓷石制作成釉果，与釉灰配合使用，从而形成白中泛青的动人色泽。另外，景德镇境内的一些地区还富藏石灰矿，石灰是冶炼釉灰不可缺少的原料。

景德镇境内密布的大小河流为制瓷业提供了丰富的水源，可以利用河流的冲力带动水碓来粉碎瓷石矿产。景德镇山区中又密布着许多小溪流，并因山区的落差而形成丰富的水力资源，在小溪中建造水碓既可解决瓷石加工的问题，还提高了产量，降低了劳动强度。宋代青白瓷所需要的瓷土、釉果等材料基本都是通过水碓粉碎的方式加工完成。

综上所述，可见自然资源是宋代景德镇青白瓷特征形成的基础条件。同时，景德镇的自然资源还通过对人类审美心理的影响而在宋代景德镇青白瓷特征的形成中发挥了重要作用。

景德镇密布丰富的森林资源，山清水秀，自然环境非常优美，而宋代景德镇青白瓷窑绝大多数分布于乡村中的小镇中，群山环抱，制瓷匠人们在这样的自然环境中工作，产生了对青白色的欣赏。青中泛白、白中闪青的色泽恰如江南丘陵地带连片的青山和青山中缭绕的云雾，能够引起匠人们美好的心绪。虽然，我们并不能知道当时的匠人们所思所想，但自然环境影响着人们的审美却是一个不争的事实，宋代景德镇匠人们偏好于青白色并创烧出纯正的青白色，或许正是出于此种原因。

第二节 宗教与理学思想

宋代统治者在宗教思想领域采取的是一种宽容的政策，佛教和道教在宋代时期均非常流行，教徒在全国各地广泛分布，而江西即是宋代佛教和道教传播的中心地带之一，并由此对宋代景德镇青白瓷的形成产生深刻的影响。

从佛教来看，宋初时佛教即非常盛行。宋代的佛教大致可以分为五大流派，即沩仰、临济、曹洞、云门、法眼。其中临济一派又进一步分化为杨岐、黄龙二宗，形成了所谓的“五宗七家”。杨岐、黄龙二宗发祥地均在江西，而其他流派对江西也会产成一定影响，这样，江西即成为宋代佛教传播的中心地带之一。宋代时，新建的佛寺即达到 240 多所，再加上宋之前已有的佛寺，其佛教香火之盛可见一斑。由于宋代佛教兴盛，而景德镇所处的江西境内佛教尤其盛行，对宋代景德镇青白瓷生产必然产生影响。

从道教来看，宋代统治者也大力扶持道教的发展，宋真宗、宋仁宗、宋徽宗、宋高宗等人均崇尚道教。宋代的道教在南宋时形成了南、北二宗，江西境内的龙虎山即是南宗道教中非常重要的中心。龙虎山的张天师颇得百姓信仰，因而宋代江西的道教亦极为盛行，并对江西的民俗产生了重要影响。景德镇距离江西境内的道教名山龙虎山、三清山均非常近，道教思想必然对景德镇地区产生重要影响，进而影响青白瓷生产。

宋代佛教和道教等宗教对宋代景德镇青白瓷的影响可以说是全方位的，从目前考古挖掘出来的较多的宋代宗教文物已得到证实。如在宋代景德镇青白瓷中有数量很多的佛像、道教神仙雕塑，以及各种宗教用器。佛教和道教等推崇的都是一种清静无为、素雅淡泊的美学思想，这种思想对宋代景德镇的青白瓷生产产生了非常重要的影响。

宋代时期对社会影响最大的哲学思想是理学思想，其代表性人物是北宋的周敦颐、张载、程颐、程颢和南宋的朱熹。理学思想不单是儒家思想的发展，还包含了道家和佛家等思想。理学思想在宋代传播非常广泛，可以说已经成为一种统治思想，而江西则是理学思想的发源地。理学的创始人周敦颐在江西大余授学“二程”，并创立了理学学说。同时，江西也是理学思想的集大成之地，朱熹即为江西婺源人。当然，彼时的婺源尚属于徽州地区，但朱熹长期在江西为官，并在白鹿洞书院传授理学思想。因此，江西是宋代理学的中心地带，其信徒自然是遍布江西，必然会对宋代景德镇青白瓷审美特征产生非常关键的影响。

宋代理学思想讲求的是治性养气、格物致知，并由此而生发出追求素雅纯洁的器道观念。宋代景德镇青白瓷所包含的儒雅、淡泊的审美气质无疑受到了理学思想的影响，在理学思想的影响下追求一种平淡、清新、含蓄之美。

第三节　文人尚雅风气

宋代社会格外重文轻武，文人士大夫群体在宋代空前壮大并具有强大的社会影响力。宋代文人群体非常重视文化艺术活动，既包括各类主流的中国画、书法、诗词等艺术活动，同时也包括各类工艺美术活动。受到宋代文人审美观的影响，宋代的各类艺术均呈现出显著的文人审美特征，其中即包括陶瓷艺术。也正是因为受到宋代文人审美的深刻影响，与其他各朝代的陶瓷艺术相比，宋代的陶瓷艺术显现出“雅”的文化特征，其被认为是中国陶瓷艺术的最高境界。后世最推崇的五大名窑，即汝窑、哥窑、官窑、钧窑、定窑，均为宋代名窑，景德镇青白瓷虽然并没有被列入宋代五大名窑之中，但其影响力亦是巨大的，所蕴含的文人审美特色亦非常浓郁而显著，充分地显示出其受到了文人审美的深入影响。

宋代文人崇尚素雅的审美观念对宋代陶瓷艺术的影响是非常显著的，这也直接导致了宋代更加注重于陶瓷艺术本身的釉色之美。宋代的彩绘装饰实际上是非常兴盛繁荣的，最具代表性的为北方的磁州窑以及南方的吉州窑，它们延续了长沙窑彩绘装饰的传统，在瓷器上进行彩绘。然而，不论是磁州窑还是吉州窑，几乎都不见于文人的记载，即使有所记载也并无任何推崇之意。宋代的五大名窑均是因釉色而闻名的，由此可见宋代文人素雅平淡的审美观对于宋代陶瓷审美方向的主导作用。张甘霖在《宋代景德镇青白瓷人物雕塑的渊源及其成就》中曾指出："洁白莹润的瓷质都从容体现出宋崇尚文人气质。"也正是由于宋代文人对釉色的情有独钟，使得同样以釉色之美而著称的宋代景德镇青白瓷得以风行天下，而实际上，文人审美也是推动宋代景德镇青白瓷之美不断进步与成熟的重要推动力量。

景德镇青白瓷的釉色之美一方面是受到宋代文人审美的直接影响，另一方面，则是受到包含了文人审美趣味的书法、绘画等其他艺术形式的影响。宋代社会对文化教育高度重视，这就使得民众的受教育程度比较高，因此，当时的景德镇青白瓷匠人们并不一定是目不识丁的粗汉，其中的不少匠人很可能也接受到一定的文化教育。当具有一定文化素养的景德镇青白瓷匠人们学习或者是接触到书法、绘画等艺术形式时，必然会受到来自书法、绘画等艺术中的文人审美趣味的影响与熏陶；即便是没有接受文化教育的匠人，他们也无法回避四周充满文人趣味的文化艺术形式。宋代文学中最为流行的文体是词，而词最流行的地区无疑是江南地区。景德镇地处江南地区，坊间必然也流传着各种宋词。江南的宋词属于婉约派风格，格调柔美凄婉，富有情调，而我们观察宋代景德镇青白瓷的釉色，其釉色之美颇有一种婉约派宋词的风格意境。南宋著名词人李清照的《醉花阴》词中有一句“玉枕纱厨，半夜凉初透”，“玉枕”很可能指的是景德镇青白瓷枕，图 4-1 即为一件南宋景德镇青白瓷刻花瓷枕，当时优质玉石已是可遇而不可求，并没有采用整块青白玉制作的枕头，而这件青白瓷枕，釉色青白如玉，犹如玉枕一般，很可能属于李清照词中所言的“玉枕”。综上而言，青白瓷与宋代文人的审美气质应当是非常契合的，而文人审美则在一定程度上主导了青白瓷审美的发展方向。

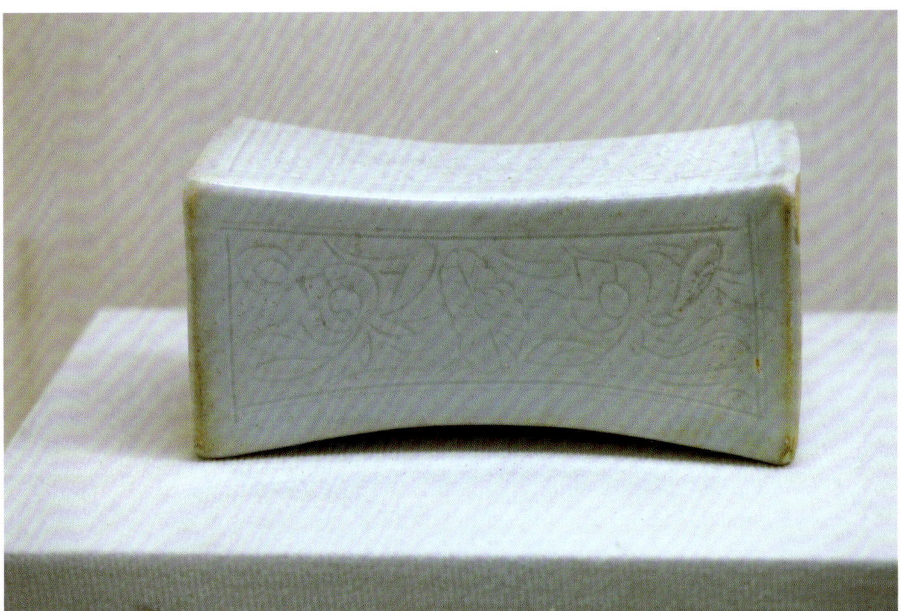

图 4-1　南宋景德镇青白瓷刻花瓷枕

第四节 全民尚玉风尚

宋代景德镇青白瓷所追求的是一种玉质之美，而这无疑与宋代社会的尚玉审美风尚密切相关。中国的尚玉审美风尚由来已久，早在原始社会时期，玉器即已成为中国的重要艺术品之一。在玉器文化发展的过程中，中国人逐渐将玉器的独特品质与道德修养联系起来，也即所谓的“以玉比德”。汉代的《礼记》中，已经将玉的色泽、质地、声音等道德化，认为玉有“十一德”，实际上也是儒家的道德观，包括仁、智、义、礼、乐、忠、信、天、地、德、道等。《管子·水地》中则又将玉之德归纳为九德。《荀子·法行》中则记载，孔子认为君子贵玉是因为玉有七德。汉代时期，“以玉比德”变得更加精练，西汉刘向称“玉有六美”，东汉许慎则说“玉有五德”。正是由于他们将玉与道德相联系，赋予了玉以神圣的地位，才形成了全社会对玉器审美的推崇。

可以说，瓷器艺术自产生之日始，即是玉器化审美观念在陶瓷中的体现。瓷器于东汉末年发明，早期的瓷器均为青瓷，其品质即如同青玉一般；唐代时期的陆羽也正是基于“类玉”的原则，将越窑青瓷列为唐代各类瓷窑之首位；宋代李清照的“玉枕纱厨”则将青白瓷枕称为“玉枕”。这些都表明，宋代以及宋代以前，瓷器釉色是否与玉相类同是瓷器审美的最重要评价标准之一。张甘霖在《宋代景德镇青白瓷人物雕塑的渊源及其成就》中认为：“宋代青白瓷以类玉、仿玉为意蕴标准，更加符合宋雅俗融合的多元化审美的走向。”因而，追求玉质之美是宋代景德镇青白瓷之美的终极追求目标，并且已经达到了这一目标。

当然，瓷器终归是瓷器，青白瓷虽然釉色如玉，但也并非真正的玉器，只能说是代玉产品。而之所以宋代青白瓷这种代玉产品能够形成并兴盛起来，一个很重要的原因在于宋代玉器的缺乏。早在汉代的厚葬风俗中，玉器即被大量地埋藏于地下，至魏晋南北朝时期，上等玉器材料已经颇为难求。宋代人口众多，而上等玉器更为难求，往往只有统治阶级才能够拥有，普通劳动者无法得到，只有退而求其次，以具有玉质感釉色的瓷器来代替其崇尚的玉器，从而使得宋代景德镇青白瓷这类的代玉产品能够风靡天下，也使得整个宋代，景德镇青白瓷的釉色均以追求玉质美为目标。图 4–2 为一件宋代景德镇青白瓷挂件，挂件为卧牛形，脑后有系绳之孔，如同一件玉质挂件，釉色晶莹温润，显然是对玉质饰品的一种模仿。不过，到了元代，统治者更加看重的是金银器而非玉器，彩绘瓷开始兴起，玉质美也就不再成为最高审美追求，而这也就直接导致了元代青白瓷审美品位的下降。

图 4–2　宋代景德镇青白瓷挂件

第五节　消费市场需求

宋元之际的蒋祈在《陶记》中，对景德镇青白瓷的市场有着清晰描述，他指出："若夫水制之东、西，器尚黄黑，出于湖田之窑者也；江、湖、川、广器尚青白，出于镇之窑者也。碗之类，鱼水，高足；碟之头晕，海眼，雪花，此川，广，荆，湘之所利；盘之马蹄，槟榔；盂之莲花，耍角；碗，碟之绣花，银锈，薄唇，弄弦之类，此江，浙，福建之所利，必地有择焉者。"从这一段描述中我们可以看出，蒋祈认为湖田窑青白瓷的釉色是黄黑色的，"江"即是浙，受到浙江一带人们的喜爱；镇窑则是青白色的，受到南方广大地区人们的喜爱；另外还提到一些花色品种，指出各个地区有着不同的产品需求。实际上，湖田窑是宋代青白瓷品质最佳的窑，镇窑青白瓷则属少见，产品本身的描述存疑，对市场的描述也就同样需要考证了。不过，文中表述了一个事实，那就是我国不同地区具有不同的审美喜好，也就对青白瓷产生了不同的市场需求，景德镇则根据市场不同的釉色需求提供相应的青白瓷产品。由此可见，市场也是宋代景德镇青白瓷审美形成的重要因素之一。

宋代景德镇青白瓷的生产，从一开始即具备了鲜明的商业化特征，也即绝大多数的青白瓷产品都是作为商品用来出售的，特别是其中的优质产品，而工匠们自己可能只是使用劣质甚至残破产品。为了适应市场需求，宋代景德镇青白瓷审美必须适应市场变化。从宋代的社会市场来看，最具消费能力的阶层显然是文人士大夫阶层，这一阶层的人群对素雅如玉的色彩情有独钟，宋代景德镇青白瓷中青白如玉的产品，特别是茶具、香熏等用品，显然主要针对这一部分人群的市场需求。如图 4–3 为一件南宋景德镇青白瓷镂雕香熏，其造型精巧，盖面镂雕有缠枝花卉纹饰，镂孔系出烟之用，为士大夫群体书房中常用的雅品，其釉色莹润如玉，适合士大夫群体把玩。

图 4-3 南宋景德镇青白瓷镂雕香熏

宋代景德镇青白瓷烧制中，并不可能均达到纯正的青白釉色，还有许多产品偏黄或偏黑，而这一部分产品则可以销售给普通民众，或者是审美喜好偏向于黄黑的地区，比如蒋祈所提及的浙江地区。宋代浙江地区的人们是否真喜好黄黑色难以考证，而如果其果真尚黄黑，则可能与其斗茶兴盛有关。宋代时期，从宫廷到民间都喜爱斗茶，茶色是其中的重要内容，这也是宋代黑釉瓷流行的主要原因。宋代景德镇青白瓷中色泽较为黄黑者，则显然更能够适应茶色的呈现，以方便斗茶活动的开展。浙江地区盛产优质茶叶，南宋时期又成为国都所在地，斗茶之风自然极盛，釉色偏向黄黑的景德镇青白瓷适应于这一地区市场需求也就是很自然的事情了。

需要指出的是，宋代景德镇青白瓷在国外亦有广阔的市场，但从出土的产品来看，与内销的产品几乎没有什么两样，这表明宋代景德镇青白瓷匠人们并没有因为外销而对产品进行改变，极少有专门的外销青白瓷。图4-4为一件北宋时期景德镇青白瓷胡人牵马俑，虽然表现的是胡人形象，但是由于当地宗教习俗，这种人物雕塑应当不是用于外销，很可能只是匠人对唐三彩的一种模仿，当然，这也从一个侧面表明景德镇匠人创作思路的开阔。缺失专门外销瓷的生产状况，一方面表明宋代景德镇青白瓷主要针对的是国内市场需求，另一方面也表明当时的国外客商并没有进行专门性的市场定制活动，这也表明宋代景德镇青白瓷审美是一种基于本土市场需求的纯粹性民族审美。

图 4-4　北宋景德镇青白瓷胡人牵马俑

色白天青

宋代景德镇青白瓷审美活态化传承研究

SE BAI TIAN QING

Songdai Jingdezhen Qingbaici Shenmei Huotaihua Chuancheng Yanjiu

第五章

宋代景德镇青白瓷的审美特征

第五章　宋代景德镇青白瓷的审美特征

宋代瓷器是中国传统手工艺的典范，是公认的中国陶瓷审美的最高峰。宋代以后，历朝历代都以宋代瓷器为标准并进行模仿与借鉴，不过，大多数仿品只能达到形似而并不能真正得其神韵。宋代名窑并不以五彩绚烂而见长，与后世的各类丰富的釉上彩和颜色釉相比，其色彩给人以素雅的感觉。然而，尽管宋瓷往往呈现出色彩单一的面貌，但在审美品位上却被认为远超彩瓷。宋代景德镇青白瓷是具有典型宋代审美观的瓷器类型之一，是青白瓷审美的核心，装饰、造型等均围绕这一核心展开，形成了独树一帜的宋代景德镇青白瓷审美体系，具有鲜明而突出的审美特征。

第一节　天人合一的自然之美

宋代景德镇青白瓷釉色纯净，充分体现出与自然共美的自然美特征。景德镇地处江南丘陵，群山环抱、森林茂密、降水丰沛，青色的山林和白净的水汽云雾构成了景德镇自然环境的基本色彩，而青白瓷的釉色可以说充分体现出了景德镇的自然之美，从某种意义上来说，是对自然之色的模仿，充满了地域性审美特点，彰显出宋人以自然为美的美学观念。图 5–1 为一件南宋景德镇青白瓷莲花形盏托，整件器物造型犹如出水之莲花，其釉色青白莹润，使莲花如同从碧水池中升起，尽显“出淤泥而不染”之高洁风采。

图 5–1 南宋景德镇青白瓷莲花形盏托

莲花是江南地带常见的植物，而青白色的纯净池塘或小潭亦属当地常见，这个盏托充分地体现出一种师从自然的审美特征。

宋人尚自然，强调艺术创作要对自然作直接的审美观照，因此，在器型上再现了葫芦瓶、瓜棱瓶等经典陶瓷造型。这些参照植物形态的造型与青白釉色结合，简洁大方，温润自然，仿若雨后初晴。还有较多的青白瓷雕塑细节来自藤蔓，如同自然生长。

对自然之美的崇尚是中国传统美学的核心思想之一，儒家、道家及佛教宗派均包含这一思想，而宋代陶瓷充分地继承和发扬了这种思想，以自然为师，注重“天人合一”的境界。宋代景德镇青白瓷审美不仅是对具有地域性的大自然环境色彩的模仿，同时也是自然材质本色的体现。宋代景德镇青白瓷所采用的是单一的天然瓷石矿产，而瓷釉则是瓷石添加了由草木灰、石灰合成的釉灰，所有的材料都是自然材料，青白色是瓷石在还原焰下烧成的必然结果，是瓷石天然性能决定的。可以说，宋代景德镇青白瓷是就地取材、顺其自然的产物，充分体现出自然美的境界。

第二节　淡雅幽微的简约之美

宋代景德镇青白瓷釉色无染无为、清纯淡泊，不追求色彩的艳丽，也不追求强烈的视觉效果，许多产品仅以单纯的釉色示人而不附加装饰，呈现出一种显著的简约之美。图 5–2 为一件北宋景德镇青白瓷带盖执壶，造型秀美，通体为温润的青白釉色，未进行纹饰刻划，呈现出一种简约之美。这种简约，是青白瓷釉色本身的审美特质，更折射出宋人的生活与为人处世的态度。

宋人的生活情趣与盛唐相比，发生了巨大的变化，特别是士大夫阶层，他们注重于修身养性，追求一种淡雅幽微、闲适自宜的生活状态，力求达到传统美学中所追求的幽深清远的淡泊心境，于是生活从简也就成了宋代一种社会潮流。虽然表面上简约，但实际上却不简单，其实质上是生活品位的提升而不是降低，是一种更高级的、摆脱了低级物质享受的精神趣味。宋代景德镇青白瓷的简约之美，体现的正是宋人高雅的生活情趣，是社会审美由唐、五代时期浮华奢靡转向清隽简淡的体现。

与唐三彩的华丽绚烂相比，宋代景德镇青白瓷通过简约的色彩之美，减除了庞杂色彩的视觉干扰，直透人的心灵，使人感到心绪清新而安宁，

图 5-2　北宋景德镇青白瓷带盖执壶

暂时摆脱尘世烦扰，而这正是宋人所追求的审美境界。因而，宋代景德镇青白瓷审美表面上简约，实际上所蕴含的审美思想内容却更加丰富，更加令人回味无穷，与中国画的写意精神不谋而合。

宋代是中国写意画兴起时期，以简约的笔墨追求博大的精神，并由此而产生了意境。宋代景德镇青白瓷中素面无纹的产品，虽不着一笔一墨，但纯净釉色自然流淌，青与白相互交织，给人一种回味无穷的意境，显现出与写意画如出一辙的意境之美。

第三节　淡泊平和的朴素之美

与自然之美、简约之美相协调是宋代景德镇青白瓷的朴素之美。对朴素之美的追求也是中国传统美学的核心审美理念之一。《论语》中曾提及：“子夏问曰：‘巧笑倩兮，美目盼兮，素以为绚兮’，何谓也？”这里“素以为绚”可以理解为绚烂归于平淡，即以朴素代替绚烂，换句话说，自然朴素最为绚烂、最为美丽。宋代景德镇青白瓷从表面看来平淡无奇、清淡平和，然而却充分体现着“素以为绚”的审美追求，以朴素的表象寻求一种大美的绚烂境界。如图 5–3 的北宋景德镇青白瓷盏托，朴素的青白釉色却给人一种大美之感。

宋人对朴素之美的追求可谓是到了极致，这在宋代理学上体现得淋漓

图 5–3　北宋景德镇青白瓷盏托

尽致。与盛唐相比，宋代的国势微弱，饱受北方游牧民族的欺凌，在这种情况下，理学得到迅猛发展。理学强调的是一种“存天理，灭人欲”的思想，对绚灿美的追求可以说也是人欲的一种体现，这也是理学所要反对的，司马光在《训俭示康》中说：“众人皆以奢靡为贵，吾心独以俭素为美。”俭素之美在两宋时期得到大力提倡，而宋代景德镇青白瓷淡泊朴素，体现的是一种与世无争的境界，这正符合理学的思想追求，体现出宋人克制欲望、清心寡欲的审美追求。

《考工记》中曾说“凡画缋之事，后素功”，也即“绘事后素”，指的是绘画后的留白。宋代景德镇青白瓷之美虽非绘画，但其在“素”上与绘画是一致的。宋代景德镇青白瓷犹如一幅空白的画卷，青与白相融的朴素釉色体现出传统美学的中和之美，达到了一种“虽由人作，宛自天开”的境界，精美而不显雕琢、素雅而不崇华丽，将朴素之美诠释得淋漓尽致。

第四节　温柔婉约的含蓄之美

含蓄之美是宋人审美观的突出特征之一，与自然、简约、朴素之美具有同一的美学根源，即均来自传统的儒、道、释美学思想，是东方美学与西方美学最大的差异之一。含蓄不露的审美观在宋代陶瓷中亦表现突出，宋代景德镇青白瓷即体现出非常显著的含蓄之美。唐代时期，固然有不少陶瓷品种彰显着含蓄不露之美，但也有一些品种显现出张扬外露的审美品质，最具代表性的为唐三彩，而唐三彩也被视作唐代审美观的典型范例。唐三彩釉色绚丽、张扬外露，在很大程度上是受到了西域及中东地区的影响，体现出国势强大的盛唐包容天下的宽容心态。而宋代与唐代相比，国土面积不断缩小，国势的微弱以及重文轻武的社会风尚，使得宋人在审美观上呈现出显著的内敛特征，以含蓄为美而不事张扬，这种含蓄之美也清晰地表现于景德镇青白瓷审美当中。

宋代景德镇青白瓷浅淡而不张扬，介于青与白之间，从中国传统的五色观念来看，青、红、黄、白、黑五种色彩为正色，五种正色之间的色彩则为间色，青与白之间的间色被称为缥色。缥色实质上是一种很淡的青色，晋代的瓯窑所产青瓷曾被称作缥瓷。缥瓷是一种淡青色的青瓷，青色中泛白，与宋代景德镇青白瓷颇为相似，不过，一般来说，宋代景德镇青白瓷较瓯窑的缥瓷色泽还要浅淡一些。这种浅淡的青色是一种冷色调，给人的色彩审美感受即是一种淡雅而含蓄的感觉，并且与青瓷相比，其色彩感还要更弱，如宋代南方的龙泉青瓷，其釉色莹润而肥厚，尽管也具有一定的含蓄之美，但与青白瓷相比，其色彩感更为强烈，含蓄美则显然并不如青白瓷表现突出。而与白瓷相比，如宋代北方的定窑，洁白莹润，较之青白瓷更为耀眼，同样在含蓄之美上也没有青白瓷表现鲜明。如图 5–4 为一件南宋景德镇青白瓷印花八棱梅瓶，与传统五色观中作为正色的青色与白色相比，其介于青白之间的釉色，显得格外含蓄低调，犹如温柔婉约的小家碧玉，充满了一种阴柔之美。因此可以毫不夸张地说，宋代景德镇青白瓷在宋瓷釉色中是最具含蓄之美的品种。

图 5–4　南宋景德镇青白瓷印花八棱梅瓶

第五节　兼容并包的融合之美

从釉色美的构成来看，宋代景德镇青白瓷之美由青色和白色两种色彩构成。在宋代景德镇青白瓷出现之前，中国陶瓷釉色主要由青色和白色两种构成，分别形成了各自独立的青釉体系与白釉体系，代表了不同的审美观。青釉与白釉的各成体系在唐代表现尤为鲜明，并由此而形成了所谓“南青北白”的格局，分别以南方的越窑青瓷和北方的邢窑白瓷为代表。进入宋代以后，北方的定窑白瓷替代邢窑成为白瓷体系的代表，南方的龙泉青瓷则替代越窑成为南方青瓷体系的代表。但实际上，唐宋时期，南方亦有白瓷，如景德镇晚唐五代时期亦产白瓷，而北方也分布有青瓷，耀州窑、汝窑等均为著名的青瓷窑口，但是二者之间的独立性仍非常鲜明，彼此并无融合。

图 5–5　南宋景德镇青白瓷香炉

宋代景德镇青白瓷独树一帜地将青釉与白釉这两种不同的釉色体系创造性地合二为一，同时展现了青釉之美与白釉之美，满足了青瓷与白瓷审美人群的需求，实现了社会审美的大融合。图 5–5 为一件南宋景德镇青白瓷香炉，其釉色兼具白瓷与青瓷的特征，将白釉与青釉的美感合二为一并进行中和，形成了一种融合之美。也正是这种审美的大融合，使得宋代景德镇青白瓷审美具有非常强烈的适应性，一方面，它具有鲜明的仿定窑白瓷的审美特征，另一方面，它又具有仿耀州青瓷的审美特征，并将二者融合为一体，从而得到了全国各地民众的广泛审美认同，各地仿景德镇青白瓷的窑口亦纷纷兴起，使青白瓷窑系成为宋代分布最为广泛的窑系。

第六节　纯净温润的类玉之美

尚玉审美是宋代景德镇青白瓷审美形成的主因之一，宋代景德镇青白瓷在很大程度上是对青白玉的模仿，可以说，类玉之美是宋代景德镇青白瓷美非常重要的特征。冯先铭在其所著的《中国陶瓷》中曾指出："玉器历来属于稀有物而为统治阶层垄断专用，青白瓷是在青白玉可遇而不可求的情况下出现的，应是景德镇陶瓷匠师别出心裁地利用当地优质原料烧出了色质如玉的青白瓷，以满足消费者需求，从它出现的那一天起就受到人们喜爱，不久便赢得了假玉器的美称。"也就是说，青白瓷在宋代时期最重要的价值在于它成为青白玉的替代品，因此全面模仿青白玉也就成为青白瓷的首要目标，而首当其冲的自然是釉色，只有釉色达到与青白玉相类同的效果，青白瓷才能具有青白玉的特征，并进而具有类同于青白玉的审美感觉。

宋代景德镇青白瓷的釉色纯净温润，如青白玉一般，与龙泉青瓷相比，龙泉青瓷的类玉效果是一种肥厚失透的感觉，而青白瓷则大多数呈现出轻薄透亮的感觉，给人以晶莹剔透的审美感受，二者之间在类玉之美上具有显著的差异。唐代"茶圣"陆羽曾评价越窑青瓷类玉类冰，而与宋代景德镇青白瓷相比，青白瓷冰肌玉骨的感觉似乎更胜越窑青瓷一筹。为了更为充分地发挥宋代景德镇青白瓷的类玉之美，不少青白瓷在造型、装饰手法等方面也选择了与玉器相同或相近的方式，造型方面，如盏杯、酒具、茶具、雕塑等，在玉器中均有相类同的造型，装饰手法上也采取与玉器相同的刻花、划花等雕刻手法，纹样方面的花卉、婴戏等与玉器的纹饰亦颇为相似。全面仿玉的结果是使青白瓷更类似于青白玉，甚至可以达到以假乱真的程度。图 5–6 为一件宋代景德镇青白瓷耳环，其青白釉色如同玉质一般，上面印有梅花纹饰，显然是刻意仿玉的结果。

图 5–6　宋代景德镇青白瓷耳环

第七节　自由灵动的装饰之美

宋代景德镇青白瓷中虽有大量的素面无纹的产品，尽显朴素之美，但也有不少产品进行了纹饰装饰。宋代景德镇青白瓷的纹饰装饰紧紧围绕着釉色进行，从而使宋代景德镇青白瓷亦呈现出显著的装饰之美。

宋代景德镇青白瓷的装饰手法以本色加工为主体，即在坯体上进行刻花、划花、印花等雕刻装饰，这类雕刻装饰均属于釉下装饰，在纹样雕刻完成以后再施以透明青白釉，因而并不会对釉色产生任何破坏，也不会覆盖釉色。相反，雕刻纹饰的存在，使青白釉层产生了深浅不一的丰富层次和复杂变化，进而形成了釉色的丰富变化，从而形成鲜明的装饰之美。

宋代景德镇青白瓷的刻划花装饰主要采取的是传统的“半刀泥”手法，这是一种一边深一边浅的雕刻技法，使每根线条都产生深浅变化，虚实相生，深处呈色更青，而浅处青色较浅，未雕刻纹饰处则显白。与素面无纹的青白瓷相比，采用刻划装饰的青白瓷釉色青白相间，更加富有色调变化，更具装饰美。图5–7为一件南宋景德镇青白瓷刻花梅瓶，该瓶造型修长圆润，器身采用景德镇传统的“半刀泥”手法满刻缠枝牡丹纹饰，使器身产生了深浅不一的变化，从而使釉色深处显青而浅处显

图5–7　南宋景德镇青白瓷刻花梅瓶

白，将青白釉色的装饰之美淋漓尽致地呈现了出来。宋代景德镇青白瓷的印花装饰仿照定窑，是将刻有装饰纹样的印模在尚未干透的瓷坯上印出，其纹样往往较刻划花更为繁复，也使得釉色变化更为丰富，更富有装饰性，但是缺乏了刻划花的自由灵动之美，其青白相间的釉色变化显得较为拘谨。图 5–8 即为一件南宋景德镇青白瓷印花双耳三足炉，炉身采用印花装饰，为如意云头纹饰。由于印花装饰的深浅更为分明，因而在釉色方面，深处的青色与浅处的白色对比十分清晰，在富有装饰之美的同时显得规整而严谨。

图 5–8　南宋景德镇青白瓷印花双耳三足炉

第八节　清晰悦目的造型之美

器物造型是宋代景德镇青白瓷审美的载体，附着于造型之上的青白瓷也就具备了与造型相通的审美特征，因而造型之美也是宋代景德镇青白瓷审美构成元素之一。

景德镇青白瓷在唐代与五代时期，造型并不丰富，进入宋代后，开始大量地吸收越窑、定窑等南北瓷窑的造型，从而使宋代景德镇青白瓷造型得到极大丰富。

注子、注碗是宋代景德镇青白瓷中的代表性造型之一，以注碗内盛注子，注子用作酒器，而注碗则作为温酒器，制作十分精美，而青白釉色则在灵动变化的造型曲线中闪现出不同的光泽与色彩，呈现出繁复变化的造型之美。图 5-9 为一件宋代景德镇青白瓷注子、注碗，釉色随造型结构的不同而发生各种不同的变化，展现出丰富的造型之美。

图 5-9　宋代景德镇青白瓷注子、注碗

瓷枕也是宋代景德镇青白瓷中的代表性产品，其形制丰富多样，包含孩儿形、卧女形、瑞兽形，等等，青白釉色在复杂的瓷枕造型中亦呈现出复杂多样而富有变化的造型之美。图 5–10 即为一件宋代景德镇青白瓷蟠龙枕，枕面呈如意形，枕面下，镂饰两条追逐游戏的蟠龙，生动有趣，造型结构严谨而繁复，青白釉色则随复杂的结构形成各种造型变化之美。

除瓷枕外，宋代景德镇青白瓷中还有许多雕塑产品，其中既有一些较大的青白瓷雕塑，主要是宗教类雕塑；也有一些小型的捏雕制作，主要是一些人物俑与动物俑。这些雕塑产品往往具有更为复杂的造型结构，而釉色则在复杂的结构中呈现出丰富的变化，其本身也成为复杂结构的一部分，发挥着一定的造型功能，呈现出鲜明的造型之美。图 5–11 为一件南宋景德镇青白瓷力士像，人物形象生动传神，釉色则随其动态、衣饰而发生复杂

图 5–10　宋代景德镇青白瓷蟠龙枕

图 5–11　南宋景德镇青白瓷力士像

变化，尽显装饰之美。

碗、碟、盘、盒、瓶、罐等造型较为简洁，因而釉色显现出简洁的造型之美。为了打破简洁，追求变化，宋代景德镇青白瓷往往采取出棱的方式，使圆润的器身出现棱边，出棱处釉色较薄，使釉色的造型之美产生一波三折的变化。图 5–12 为一件宋代景德镇青白瓷六棱带托执壶，壶身制作了六个棱边，凸起的棱边处因釉层较薄呈色较白，釉色变化使造型更为清晰悦目且富有造型之美。

图 5-12　宋代景德镇青白瓷六棱带托执壶

第九节　相得益彰的实用之美

宋代景德镇青白瓷的釉色不仅具有艺术美，它还与实用性紧密相关，从而形成了艺术与实用相结合的实用之美。

宋代景德镇青白瓷中，实用器皿占据了产品的大部分，其中包括饮食器具，如碗、盘、碟等，还包括茶具，如斗笠碗、茶盏、茶杯等，酒具则有注子、注碗、酒杯、酒瓶、酒坛等，还有用来盛放香料、妇女化妆品的各式盒子。还有一些虽非生活日用品，也同样具有一定的实用价值，如用来烧香的香炉和用来供奉的佛像，用来清洁空气的香熏。宋代景德镇青白瓷各类实用又兼具青白釉色之美的器皿，美化了人们的生活，装点了人们的生活空间，充分地体现出了宋人优雅的生活态度与方式。

宋代景德镇青白瓷的实用之美除了体现于装点和美化实用器皿以外，还由于其类玉的审美气质而具有代玉的实用性功能。宋代，普通大众已经非常难以获得质量上乘的青白玉，而宋代景德镇青白瓷如玉的特征则能够满足人们的用玉需求，一些产品成了代玉品。

宋代景德镇青白瓷釉本身具有重要的实用性，它一方面能够使器物表现光润美观，另一方面它具有不透水、易清洁的特点，当然，这些实用特点是各种瓷釉所共有的功能。此外，宋代景德镇青白瓷釉还与茶文化相联系，青白瓷中包括大量的茶具，最典型的为斗笠杯。斗笠杯的内底呈锥形，釉层积累较厚，呈色更青，茶水在底部釉色的映衬下显得格外赏心悦目。

图 5–13　宋代景德镇青白瓷魂瓶

另外，宋代景德镇青白瓷中还有一种魂瓶，是作为随葬用途的实用器具，这类魂瓶基本上只出土于江西地区，可见这种青白釉色的魂瓶是与江西地区葬俗紧密相连的。图 5–13 即为一件宋代景德镇青白瓷魂瓶，是只在宋代江西地区流行的明器，上面雕有日、月、龙、虎、雀、龟等图案，青白釉色沉静安详，有安魂之意，而古代葬俗中素有左青龙、右白虎的讲究，而青白之色或许也与此意暗合。

第十节　返璞归真的缺陷之美

宋代尊重自然的审美观源于其返璞归真、顺应自然的审美理念。也正因如此，宋代瓷器釉色中往往在烧造过程中出现一些缺陷，如开片、流釉、缩釉、发色不均等，而这些，在宋人看来，都是材料顺应自然的体现，并不将其视为瑕疵，而往往视为一种装饰。在这种审美理念下，宋代景德镇青白瓷也常常会呈现出一种独特的缺陷之美。

宋代景德镇青白瓷采用的是龙窑烧造，长达数十米的龙窑顺山形而上，能盛装数量巨大的瓷器。由于龙窑很长，窑内各个部位的温度、气氛存在着很大差异，同时，烧窑工匠的技艺和各种人力无法掌控窑变，造成了大量的青白瓷产品不能呈现纯正的青白色，没有达到纯正青白色的青白瓷，也算是某种缺陷。然而，从各地出土和馆藏宋代景德镇青白瓷来看，发色不纯正者不在少数，可见，这些发色具有一定“缺陷”的产品依然得到人们的喜爱。

此外，在南宋时期，景德镇青白瓷在烧制方法上主要采取的是覆烧方式，而这一烧造方式的最大缺陷在于器沿不能上釉，也就是说烧成后的器物在釉色呈现上并不完整，也即所谓的芒口器。图 5–14 为一件南宋景德镇青白瓷盖罐，釉色莹亮滋润，但由于采用覆烧工艺，口沿部位无釉，从而使釉色不够完整，破坏了其完美性。无釉口沿，经常造成芒口缺陷，往往这种

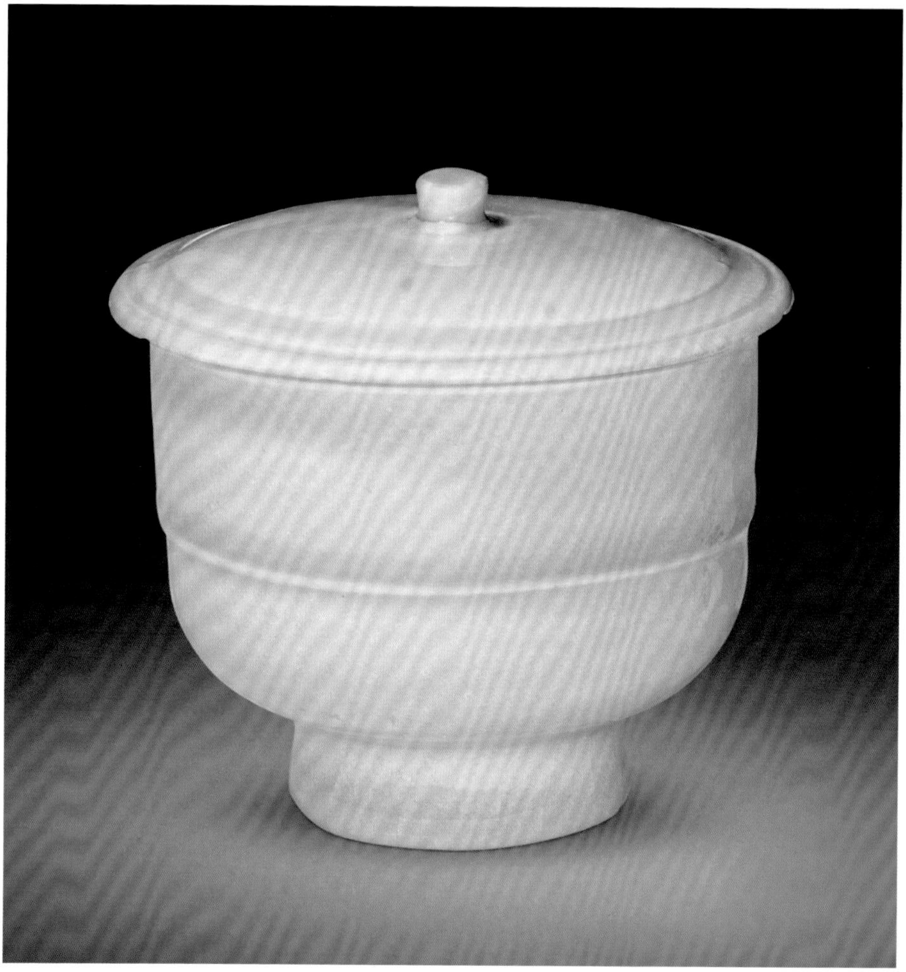

图 5–14　南宋景德镇青白瓷盖罐

芒口的缺陷感，会给器物不经意地造成另类的美。这些芒口青白瓷产品产量巨大，可见，宋人并不因其釉色有芒口缺陷而降低喜爱程度。当然，有钱人会采取口沿包金、银、铜的方式加以解决，但多数产品仍以芒口示人（图 5–15），任其以真实面目呈现出来，显示出宋人对缺陷之美的认同。

图 5-15　宋代景德镇青白瓷花卉银边碗

第六章
宋代景德镇青白瓷与青瓷、白瓷的审美比较

第六章　宋代景德镇青白瓷与青瓷、白瓷的审美比较

第一节　与青瓷审美的比较

青瓷是我国最早的瓷器类型，早在东汉末年瓷器发明时，其最主要的品种即是青瓷。青瓷在釉色审美方面与青白瓷具有相通之处，又有显著的差异。青瓷是宋代景德镇青白瓷审美形成的重要历史基础之一，因而，要更好地认知与把握宋代景德镇青白瓷审美，就必须将宋代景德镇青白瓷与青瓷釉色审美加以比较，既要探寻二者之间的差异性，也要分析二者之间的相通性。

从宋代景德镇青白瓷与青瓷审美的差异性和相通性来看，主要表现为以下几点。

1. 宋代景德镇青白瓷与青瓷的历史形成状况既有显著不同，又存在血脉联系。

首先是差异性。早在约 3500 多年前的商代中期，就已经出现了原始青釉，人们已经开始欣赏青釉之美。青釉瓷可以说是中国瓷器之母，后世所有的瓷器品种都与青釉瓷有历史渊源。被后世尊为“茶圣”的唐代学者陆羽即将越窑瓷排在首位，越窑是唐代“南青北白”中“南青”的代表性窑口。此外，尚有瓯窑、婺州窑、德清窑等分布于浙江地区的著名青瓷窑口，稍逊于越窑。经过唐、五代两个时期以后，宋代的青瓷进一步发展与成熟，

并且从南方扩展至北方，全国各地均出现了著名的青瓷窑口，可见，青釉审美已经被全国各地人民所接受并受到青睐。从宋代的汝窑、哥窑、官窑、钧窑、定窑来看，汝窑、哥窑和官窑均可列入青瓷系当中。此外，北方的耀州窑系的青瓷也非常闻名，釉色呈现出黄绿色的独特色泽；而在南方地区最负盛名的则是龙泉窑，所烧造的粉青、梅子青釉色极为美观肥润，成为中国青瓷釉色发展的巅峰。由青釉瓷从历史萌芽至宋代的发展历程来看远远超过宋代景德镇青白瓷，宋代景德镇青白瓷的历史基础，也即青瓷和白瓷的烧造史，就目前而言，仅仅是在唐代中后期。青釉瓷在宋代瓷器中占据主导地位，其历史影响力远高于宋代景德镇青白瓷。

其次是相通性。虽然在宋代景德镇青白瓷与青瓷的历时性比较中，差异是显著的，但也存在着一些显著的相通性。从唐代中后期至五代时期，青瓷是景德镇的主要釉色种类，具有显著的模仿越窑青瓷艾色釉的特点。青瓷是构成宋代景德镇青白瓷审美的重要历史基础，因此，宋代景德镇青白瓷釉色与青釉具有显著的血脉联系，在某种程度上可以说青白瓷釉是在青釉基础上产生的。也正因为如此，一些人将宋代景德镇青白瓷也划入青釉瓷的范畴，当然，由于青白瓷是介于青瓷与白瓷之间的，本文仍将其独立于青瓷与白瓷之外，而没有将其作为青瓷或白瓷中的一个类型，但其与青瓷的历史联系是显而易见的。

2. 宋代景德镇青白瓷与青瓷的呈色方面，二者同样既具有显著的差异性，又具有一定的关联性。

从差异性来看，宋代景德镇青白瓷的呈色方面均具有多样性，但在总体上仍以纯正的青白色为标准，其他釉色则被视为偏色，偏色被认为是窑火温度把握不当、烧造技术不够成熟、原料配方出现误差的结果。而青瓷则在呈色的多样性方面远远超越了宋代景德镇青白瓷，与青瓷的呈色相比，宋代景德镇青白瓷显得比较单一。由于青瓷的著名窑口众多，在呈色上即便是纯正的釉色，亦呈现出多样化的特性，从而使釉色更加丰富多彩。如越窑瓷的纯正色彩被认为是一种艾色，其中最纯正者称为秘色瓷，汝窑瓷的纯正釉色则为一种天青色，龙泉窑的釉色则分为粉青色和梅子青色两大类型，而哥窑的釉色比较独特，由于青釉表面会产生奇特的裂纹，可以称为纹片青。不同的青釉色泽所展现出来的美学面貌显然是不相同的，因此，青瓷的多样性是宋代景德镇青白瓷所无法比拟的。

从相通性来看，虽然宋代景德镇青白瓷的多样性方面不如青瓷，但它也并非完全是单一化的，其釉色也呈现出多种多样的变化，除纯正的青白色以外，还包括偏黄、偏白、偏青等色，从而使审美面貌呈现多样性。

3. 由于青瓷釉色审美的多样性以及不同青瓷发展状况和工艺技术的差异，要想更清晰地了解宋代景德镇青白瓷釉色审美与青瓷釉色审美的差异，应当将宋代景德镇青白瓷釉色审美与主要的青瓷釉色审美进行比较。

首先将宋代景德镇青白瓷釉色审美与越窑青瓷相比。唐代陆龟蒙《秘色越器》一诗中曾对越窑的釉色大加赞誉："九秋风露越窑开，夺得千峰翠色来。"诗人用"千峰翠色"形象地比喻越窑釉色审美特色，将其青翠欲滴的色彩特征贴切地表达了出来。从总体上来说，越窑瓷的青色被称为秘色，它是一种与大自然颇为贴近的色泽，与浙江地区常见的植物艾草的色泽相似，故而又被称为艾色，是一种青中略带微黄的色彩，不过，其中色泽最为人称道的为秘色瓷，秘色瓷呈一种如清水般的湖绿色。图 6-1 是一件法门寺地宫出土的唐代越窑秘色瓷，其发色为一种浅黄绿色，匀称而细腻。景德镇在晚唐、五代时期所生产的青瓷与越窑瓷釉色非常相似，因而景德镇宋代青白瓷釉色的形成与越窑青瓷有一定渊源。越窑瓷釉色审美主要体现的是一种与大自然相融的审美特色，而宋代景德镇青白瓷釉色亦

图 6–1　唐代越窑秘色瓷

呈现出一种自然美的色调，只不过青白瓷的青色比较闲散淡远，接近于更为清澈的天光水色。

其次将宋代景德镇青白瓷釉色审美与汝窑进行比较。汝窑瓷是宋代最为人所称道的瓷器，因而在宋代五大名窑中，人们通常将汝窑排位于最前。典型的汝窑青瓷釉色被称为天青色，是一种很淡的青色，又称为“雨过天青”，显现出幽淡隽永的审美特色。图 6–2 为一件宋代汝窑天青釉三足樽，釉色淡青，温润沉静，与宋代景德镇青白瓷中釉色偏青的产品在釉色上颇为相近，不过其釉面出现的细细的裂纹则是宋代景德镇青白瓷所不具备的。传

图 6–2　宋代汝窑天青釉三足樽

说五代后周柴世宗时，朝廷官员请示瓷器烧造的釉色，柴世宗答曰："雨过天青云破处，这般颜色做将来。"这个传说后被认为是天青釉色的由来。汝窑釉色是最接近于天青色的釉色，反映出古人对天的崇拜。通过不同的角度和不同的光线，汝窑釉色会呈现出不同的变化，明媚光照下，显现出青中泛黄，暗淡光线下则会显现出青中偏蓝，体现出一种与大自然和谐相处的审美特色。汝窑与大自然和谐相处的审美观与越窑和宋代景德镇青白瓷审美追求是一致的。由于汝窑釉色呈现出的是一种淡淡的青色，宋代景德镇青白瓷釉色审美与汝窑的天青釉色非常接近，青白瓷釉色中的青色所呈现的正是一种天青色，从某种程度上来说，青白瓷的天青色更为淡雅。同时，青白瓷在不同的角度和光照条件下，其色彩同样会发生变化，当然，汝窑釉色的变化主要是由于表面的细小开片以及少量的气泡造成的，而青白瓷则主要是由于透光性能较强造成的。另外，汝窑釉色和宋代景德镇青白瓷釉色均与玉的颜色颇为相似，而这也是二者相通之处。

最后将宋代景德镇青白瓷审美与龙泉青瓷相比较。龙泉青瓷釉色具有粉青与梅子青两大类型。粉青在色泽上粉润青绿，如同一块半透明的青玉。粉青的釉层可以施得非常厚，从而能够达到一种玉质感，釉层中含有大量小气泡和未熔解的石英晶体，在光线下产生强烈的散射，形成了与普通玻璃釉所不相同的审美效果，如玉的色泽如同涂了一层细腻的油脂，有一种温玉的感觉。图 6–3 为一件宋代龙泉窑粉青釉鼎式炉，其釉色呈现出粉润青绿的色泽，如同较淡的青玉一般，与宋代景德镇青白瓷有一定相似之处。梅子青是龙泉青釉中更为名贵的品种，其颜色如同正在生长的梅子的青色。与粉青相比，梅子青的釉层更厚，釉质更为莹润，色泽晶莹如玉。在南宋时期多为仿古铜器和仿玉器的造型。图 6–4 为一件宋代龙泉窑梅子青釉凤耳瓶，其青绿色较粉青更深，釉色也更肥厚。宋代景德镇青白瓷也因为与玉器极为相似而受到赞誉，这一点与龙泉青瓷釉色审美是相通的。不过，相比之下，龙泉窑青瓷釉层更厚，更为接近青玉，是一种深沉的青绿色，而宋代景德镇青白瓷则接近于青白玉，其中所包含的青色是一种很浅淡的青色，因而在釉色审美上具有较大的区别。也正因为二者在审美特色方面的不同，所以在宋代时，龙泉青瓷和景德镇青白瓷才能够立足于南方，相安无事而没有进行激烈的竞争。

图 6-3　宋代龙泉窑粉青釉鼎式炉

图 6-4　宋代龙泉窑梅子青釉凤耳瓶

第二节　与白瓷审美的比较

与青瓷相比，白瓷属于后起之秀，其发展历史要晚于青瓷。东汉末年兴起的瓷器当中，主要种类为青瓷，其次为少量的黑瓷，而白瓷并未出现。一般认为，白瓷在北朝出现，在隋朝兴起，直至唐代的邢窑时，才真正达到繁荣，并成为北方的主要瓷器品种，与以越窑为核心的南方青瓷窑系形成“南青北白”之势。不过，在唐代“南青北白”的大格局下，唐代中晚期的景德镇却在仿照越窑生产青瓷的同时，也生产白瓷，成为南方最早生产白瓷的地区。因而，白瓷与宋代景德镇青白瓷审美的形成也具有重要的联系，二者在釉色审美上具有显著的相通之处，但同时，白瓷与宋代景德镇青白瓷审美的差异亦是明显的。

宋代景德镇青白瓷釉色审美与白瓷釉色审美相比较，其差异性和相通性主要表现在以下几个方面。

1. 宋代景德镇青白瓷釉色审美与白瓷釉色审美的历史发展轨迹不同，但存在着一定的血脉联系。

从差异性来看，宋代景德镇青白瓷釉色审美与白瓷釉色审美的历史发展轨迹有显著区别。通过考古发现，白瓷最早出现于北朝的北齐时期，在河南安阳洪河屯发现的范粹墓中出土了一批白瓷。白瓷的出现具有划时代的意义，它预示着中国瓷器的审美开始由青釉瓷占据主导而转向青、白对立。当然，北齐的白瓷很少，不足以撼动青瓷的优势地位。隋朝时期，白瓷有了进一步发展，尽管其发展仍然缓慢，但为唐代邢窑的兴起奠定了非常扎实的基础。唐代时，邢窑白瓷兴起，标志着“南青北白”的釉色审美新格局正式形成。邢窑瓷的精品，釉色洁白，有“白如雪”之美誉，因与雪色相类同，非常契合北方人民的审美喜好，因而在北方得到流行。宋代时期，邢窑已经衰落，定窑成为北方白瓷最杰出的代表。与邢窑相比，定窑更加重视雕刻装饰的运用，通过刻花、划花、印花等手法，使釉色审美更加丰富，更富有层次感。白瓷的历史虽然较青瓷短，但其历史也远较青白瓷悠久，在历史上的影响力也显著地大于青白瓷，如定窑被列为宋代五大名窑之一，而景德镇青白瓷并没有引起当时人们的多少关注。

从相通性来看，由于白瓷的历史远较青白瓷悠久，其影响力也更大，因而从总体上来看，宋代景德镇青白瓷受到白瓷的影响更大。唐代中后期至五代，景德镇已经出现了白瓷，尽管烧制方法、成型等方面还不成熟，但釉色却是纯正的白色，与青瓷一道成为宋代景德镇青白瓷形成的重要历史基础。宋代景德镇青白瓷的形成不仅受自身白瓷历史发展的影响，同时也受到同时期定窑的显著影响。景德镇青白瓷对定窑白瓷有显著的学习与借鉴价值，特别是南宋时期的景德镇青白瓷，除釉色有所区别以外，无论是造型、装饰手法还是烧造方法，都有显著的仿定窑痕迹，因而南宋时期的青白瓷有“南定”之称，很可能是受到定窑南下景德镇工匠的影响。

2. 宋代景德镇青白瓷釉色审美与定窑白瓷釉色审美特色比较。

与青瓷釉色审美显著的多样性特征相比，白瓷与青白瓷一样，釉色的多样性并不突出。无论是唐代邢窑白瓷还是宋代的定窑白瓷，均以“白如雪”为主要审美追求，由于宋代定窑白瓷与宋代景德镇青白瓷处于同一发展时期，因而将二者进行对比更为适合。

宋代景德镇青白瓷与定窑白瓷虽然釉色具有显著差异，分属于不同的色系，但是在审美特色上，二者却有着惊人的相似之处。图 6–5 为一件宋代定窑白瓷葫芦形执壶，其釉色洁白如玉，造型精巧，器身满刻纹饰，与宋代景德镇青白瓷在审美风格上颇为类似。可以说，从影响因素、审美形式到审美思想等各个方面，宋代定窑白瓷与宋代景德镇窑青白瓷都非常类同，因而南宋时期景德镇青白瓷有“南定”之称也是实至名归的，但即便如此，二者之间仍具有一定的差异性。

从影响因素来看，宋代景德镇青白瓷与宋代定窑白瓷一样，都是因地制宜，利用当地丰富的自然资源制作而成的。二者釉色形成都依托于自然资源，具有相通性，但二者制作瓷器所用的瓷土资源的矿物成分以及配方

图 6-5　宋代定窑白瓷葫芦形执壶

并不相同，由此产生了釉色的显著差异，即北方定窑白瓷白中偏黄，而宋代景德镇青白瓷则是白中偏青。宋代景德镇青白瓷釉色审美受到了当时流行的理学思想的影响，而理学思想是影响全国的一种思想潮流，它同样对北方的定窑产生了影响，这就使得二者都具有一种朴素淡泊的审美格调。宋代景德镇青白瓷釉色审美的形成还受到了文人士大夫群体的显著影响，而定窑在北宋时期更靠近于封建社会的统治中心，也受到显著的文人士大夫群体的影响，这使得二者的釉色审美均具有显著的文人审美趣味。宋代景德镇青白瓷釉色审美受到尚玉风尚的深刻影响，追求玉质美，具有如玉的审美气质，而定窑也同样如此，呈现出白如玉的特征。当然，二者因釉色差异，宋代景德镇青白瓷釉色追求的是一种青白玉光泽，而定窑追求的是白玉的质地。定窑白瓷釉色审美的风行在很大程度上是由于北方民众对白色的喜爱，因而在北方地区具有广阔的市场。而宋代景德镇青白瓷的青白色泽则更迎合南方民众的喜爱，在南方地区拥有广阔的市场。

从审美形式来看，定窑白瓷非常讲求造型与装饰，以造型与装饰之美来衬托和提升釉色之美。在造型方面，定窑白瓷主要有碗、碟、盘、杯、瓶、洗、炉、罐、壶、枕等，大多数造型在宋代景德镇青白瓷中都能找到相同或相类似的产品，这显示出了宋代景德镇青白瓷对定窑白瓷的效仿。不过，宋代景德镇青白瓷中也有极具地域性的品种，最突出的当属魂瓶，这在定窑白瓷当中是没有的，魂瓶的出现与江西地区的葬俗相关。在定窑白瓷中，还有不少捏塑的人物俑、小动物等，在宋代景德镇青白瓷当中也有不少同类产品。总体上来说，定窑白瓷的造型并不复杂，大多数采用简洁素朴的造型，而这正适宜釉色淡雅朴素之美的呈现。宋代景德镇青白瓷造型也同样在整体上追求简洁淳朴之美。二者造型观相同，既是宋代整体器物审美观的体现，又反映了宋代景德镇青白瓷对定窑白瓷的学习与借鉴。

定窑白瓷在装饰技法上与宋代景德镇青白瓷亦有着惊人的相似之处，定窑白瓷采用的主要是刻花、划花和印花，宋代景德镇青白瓷也同样如此。采用刻花、划花和印花不仅不会破坏和覆盖釉色之美，相反，会为釉色之美增添层次感，使釉色在光照下产生更为丰富而含蓄的色调变化。尽管宋代景德镇青白瓷的雕刻技法以丰富的青白色调为主，但整体釉色审美与定窑白瓷是非常相似的，特别是印花产品更为相似。

从审美思想来看，定窑白瓷的釉色审美所追求的是一种自然之妙，白如雪的色泽与北方漫长冬季的色泽相似，同时，其釉色审美又追求一种玉质美，以玉比德，蕴含的是中国独特的尚玉思想。在与自然相通的审美追求上，宋代景德镇青白瓷釉色审美与定窑白瓷釉色审美是一致的，不过具体的含义却有所差异，定窑白瓷是对雪色美的体现，而宋代景德镇地区极少见到白雪，处于南方湿润温暖的丘陵密林地带，青山环绕、白雾氤氲，青白瓷的釉色正是其自然景色的一种抽象呈现，这是二者自然审美观的差异。尚玉观方面也同样如此，虽总体上二者均蕴含着以玉比德的观念，但定窑白瓷如白玉，而青白瓷如青白玉。一般认为，如羊脂般的白玉是品质最高的，青白玉则次之，这或许就是古人更推崇定窑白瓷而忽视青白瓷的根本原因之一。从玉的品质来说，青玉一般还在青白玉之下，这或许即是宋代景德镇青白瓷并不效仿宋代负有盛名的各类青釉，即便是在附近的龙泉青釉，宋代景德镇青白瓷也并不对其进行效仿，显然这是古人崇尚白玉观念的一种体现，而这也使得宋代景德镇青白瓷釉色审美无论是形式还是思想上，都与定窑颇为相似的原因所在。

第七章
宋代景德镇青白瓷活态化传承与发展的现状

第七章 宋代景德镇青白瓷活态化传承与发展的现状

第一节 社会传承与发展措施的实施

新中国成立以后，宋代景德镇青白瓷作为景德镇传统颜色釉瓷一直得到传承，但在新中国成立初期，青白瓷基本上是以一种仿古的姿态出现，在复现宋代景德镇青白瓷中，并未做到推陈出新。改革开放以后，在市场经济的推动下，青白瓷的传承得到进一步发展，呈现出新的发展特征和趋势。

中国自加入《保护非物质文化遗产公约》以来，不断加大保护非物质文化遗产的力度，进入新时代以后，更是全面加大保护力度。2017 年的《中国传统工艺振兴计划》的发布，标志着中国对传统手工艺类非物质文化遗产的保护与发展进入一个全新的阶段。在这种形势下，近年来，景德镇非物质文化遗产保护事业与发展事业也正在进入快车道，2019 年开启了景德镇国家陶瓷文化传承创新试验区的建设，必将推动景德镇非物质文化遗产保护与发展，使其达到新的历史高峰。在新时代非物质文化遗产保护与发展政策的强有力推动下，宋代景德镇青白瓷活态化传承与发展的相关工作亦逐步进入快速发展的轨道。

2012 年 10 月，景德镇古窑民俗博览区同时复烧宋代龙窑、元代馒头窑、明代葫芦窑，其中宋代龙窑复烧的产品是宋代青白瓷产品。重修复烧的龙窑窑体长 31 米，宽 2 米，高 1.9 米，烟囱高 5 米，可烧制万余件瓷器。复烧获得了圆满成功，原汁原味地再现了宋代青白瓷之美，得到了国内各大主流新闻媒体的竞相报道，而奥运冠军吴静钰助力开窑，则为此次复烧赢得了更多关注。在宋代龙窑复烧现场，来自北京故宫博物院的著名专家吕成龙鉴定成功复烧青白瓷，他认为此次烧制的青白瓷刻花流畅、釉色光亮，造型符合历史时代风格，堪称千年前的宋瓷再现，在场专家一致签字认证宋代龙窑复烧成功。可以说，此次宋代龙窑青白瓷复烧成功，是宋代青白瓷活态化传承与发展的重要事件，同时也为宋代景德镇青白瓷活态化发展奠定了坚实的基础。当然，从总体上来说，采用原汁原味的宋代龙窑方式进行的烧造活动因为耗能较大，对生态影响较大，因此生产上是非常有限的，产品很少，故此类产品也就显得弥足珍贵。大多数宋代景德镇青白瓷活态化传承与发展创新产品只能采取现代气窑或电窑进行烧制。

除复烧活动以外，近年来，景德镇以及其他各地还陆续举办了一些较高等级规格的青白瓷展览，从而进一步提升公众对青白瓷之美的认知程度，为宋代景德镇青白瓷活态化传承与发展构建了必要的社会基础。

2019 年 10 月，在景德镇国际陶瓷博览会期间，由景德镇瓷博会执委会办公室、市瓷局、市文广新旅局主办，景德镇市东方古陶瓷研究会、景德镇宋元青白瓷研究所、景德镇市青白瓷研究会承办的“器尚青白——庆祝中华人民共和国成立 70 周年青白瓷精品标本特展”在景德镇艺术陶瓷研究院开展。举办这场青白瓷精品标本展，为的是展现两宋青白瓷大美气象，提振千年瓷都文化肇始地位，弘扬中华民族文化自信，献礼中华人民共和国成立 70 周年。图 7–1 为一件宋代景德镇青白瓷道士像，是此次众多青白瓷精品之一。由于此次展览恰逢国内外宾客会集景德镇，对提升人们对宋代青白瓷的认知具有非常重要的意义。

图 7-1　宋代景德镇青白瓷道士像

图 7-2　南宋景德镇青白瓷观音像

除这次特展以外，一些景德镇以外收藏有大量青白瓷珍品的城市也举办了一些青白瓷展览。如 2018 年 12 月 8 日，浙江省博物馆举办了“光致茂美——浙江出土宋元青白瓷展”，展出了众多的宋代景德镇青白瓷，从而使宋代景德镇青白瓷光致茂美的釉色之美为浙江人民广泛认知，图 7-2 为该展览中展出的一件浙江衢州博物馆所藏的南宋景德镇青白瓷观音像。

除了在国内展出以外，还有一些宋代景德镇青白瓷精品漂洋过海至国外进行展出。2018 年 10 月 5 日，由中国文化中心和江西省文化和旅游厅共同主办，景德镇市文化广电新闻出版局和景德镇市非物质文化遗产研究保护中心承办的江西文化年“景德镇高温颜色釉和青白瓷器展”在日本东京中国文化中心顺利落幕，展览展出景德镇高温颜色釉瓷及青白瓷共 38 件（套）作品，其中包括宋代景德镇青白瓷精品，将宋代景德镇青白瓷之美展示给国外观众，为宋代景德镇青白瓷活态化传承与发展国际化之路奠定了基础。

从以上可以看出，这些与宋代景德镇青白瓷相关的国内外重要展览活动主要是近两年举办的，这说明人们对宋代景德镇青白瓷的关注度持续提高，而这显然非常有利于宋代景德镇青白瓷活态化传承与发展。

第二节 文化部门、院校和艺术家的参与

除了重要展览以外，景德镇青白瓷人才培养工作也在近两年持续开展，并且提升到了国家级、省级人才培训项目的高度。

2018 年，景德镇陶瓷大学向国家艺术基金申报了创新人才培养项目《景德镇青白瓷艺术研究与创作人才培养》，获得了国家艺术基金的资助（图 7–3）。该项目立足于弘扬中华优秀传统文化，培养急需的高水平当代景德

图 7–3 《景德镇青白瓷艺术研究与创作人才培养》高研班开班仪式

镇青白瓷艺术创作专业人才，传承景德镇宋元青白瓷艺术技艺，创作具有时代感的优秀艺术作品，推动中国当代青白瓷艺术发展；构建艺术家、高校、非物质文化遗产传承人以及行业的协同创新机制，促进景德镇青白瓷艺术的可持续发展。集中培训结束以后，该高研班还在景德镇陶瓷大学湘湖校区举办了成果展，共展出青白瓷艺术高研班 30 位学员近百件青白瓷艺术作品（图 7–4 ～图 7–6）。展出作品既有传承也有创新，以多元的艺术形式融汇丰富了青白瓷艺术的语言，尤其是将现代的观念和审美带入青白瓷，使青白瓷艺术有了新的时代气息，为现场观众带来全新的视觉感受。可以说，此次高研班为宋代景德镇青白瓷活态化传承与发展奠定了重要的高端人才基础。

图 7–4　学员作品

图 7-5　学员作品

图 7-6　学员作品

2019 年 11 月 4 日，江西文化艺术基金 2018—2019 年度艺术人才培养资助项目《景德镇青白瓷半刀泥技艺人才培养》高研班在景德镇名坊园饶玉陶瓷开班，图 7-7 为开班现场。其办班宗旨与《景德镇青白瓷艺术研究与创作人才培养》的办班宗旨是一致的，均是立足传承、锐意创新，为景德镇培养一批优秀的青白瓷高端人才。这两个高研班的开办，为宋代景德镇青白瓷活态化传承与发展事业培养了一批显在的、潜在的高端人才，对于宋代景德镇青白瓷活态化传承与发展意义非凡。

青白瓷也是景德镇高校陶艺教育中的内容之一，不过，其内容是比较有限而宽泛的，在专业理论课与实践课中均有所涉及，并没有专门性的青白瓷课程，属于普及性内容，对于普及宋代景德镇青白瓷常识具有一定帮助。

同时，景德镇市政府有关部门加大了评定景德镇市非物质文化遗产传承人的工作力度，其中不乏青白瓷传承人的身影。如第五批非物质文化遗产

图 7–7　《景德镇青白瓷半刀泥技艺人才培养》高研班开班现场

传承人名录中有景德镇传统制瓷原料加工配制技艺青白瓷釉料配制传承人王双彬、景德镇传统青白瓷制作技艺传承人吴金财、景德镇传统青白瓷制作技艺传承人王水彬；第六批非物质文化遗产传承人名录中有景德镇传统青白瓷制作技艺传承人李清良、吴志诚、毛文平，景德镇传统制瓷原料加工配制技艺青白瓷釉料配制传承人谢文广、冯金元，等等。这些传统青白瓷传承人以不同于现代教育方式的传统师徒制培养传承人才，使原汁原味的青白瓷技艺得以传承，其重要意义是现代教育所不能取代的，是宋代景德镇青白瓷活态化传承与发展事业立足传统的根本保障。当然，传承人在文化程度上可能不如现代教育所培养的人才高，二者可以互为补充、互相促进、共谋发展。

从目前情况来看，青白瓷专业人才仍属于小众化人才队伍，其总体数量并不多，但既涵盖了老一辈传承人，同时也有不少青年创作者加入其中，在人才队伍的结构上还是比较合理的，有利于宋代景德镇青白瓷活态化传承与发展事业稳定地向前发展。

在景德镇陶瓷艺术家中，许多都曾创作过青白瓷作品，景德镇陶瓷大学已故陶瓷雕塑家姚永康教授无疑是其中的代表性人物，其青白瓷的代表性作品为《世纪娃》，图 7–8 即为姚永康所创作的《世纪娃》系列作品之一。《世纪娃》系列作品采用泥片卷曲与捏塑相结合的独特方式进行创作，以清润典雅的釉色，诠释宋人清淡纯正的艺术理念与追求。这一系列作品吸收了中国传统民间艺术元素，巧妙地将年画、剪纸中的“童子戏鱼”形象进行变化，泥片连接的方式看似简单随意，实则更突出了青白瓷的材质之美，釉色单纯宁静，典型深沉，釉面还呈现出一些开片与裂纹，在呈现一种缺陷之美的同时也变得更加自然而富有生气。除《世纪娃》系列作品以外，姚永康还创作了一些其他的青白瓷雕塑作品，图 7–9 为其所创作的青白瓷雕塑《刘海

图 7–8 《世纪娃》系列作品之一 姚永康

图 7–9 《刘海戏蟾》 姚永康

戏蟾》，这件作品同样部分采用了泥片成型技法，将刘海形象以生动诙谐的方式表现出来，釉色上尽得宋代景德镇青白瓷釉色美之精髓，在吸收传统宋代景德镇青白瓷雕塑釉色之美的同时又进行了现代创新。

此外，景德镇陶瓷大学中还有不少教师一直坚持创作各具风格的青白瓷作品，如黄胜、赵兰涛、张景辉、李伟、解晓明等。这些具有学院背景的陶瓷艺术家，长期扎根于景德镇地区，对景德镇传统青白瓷制作比较熟悉，同时在理论方面亦颇有造诣，因而作品在保留宋代青白瓷古典之美的基础上，大胆融入陶艺语言，创作出融传统与现代于一体的活态化传承作品，同时也进行一些理论上的总结，成为推动宋代景德镇青白瓷活态化传承与发展的中坚力量。

黄胜作为国家艺术基金 2019 年度艺术人才培养资助项目《景德镇青白瓷艺术研究与创作人才培养》高研班的项目负责人，其青白瓷雕塑作品亦有独到之处。图 7–10 为黄胜创作的青白瓷雕塑作品《西江月》，这个作品以古代仕女轻抚琵琶为主题，传达出古人典雅淡泊的生活境界，与纯净清

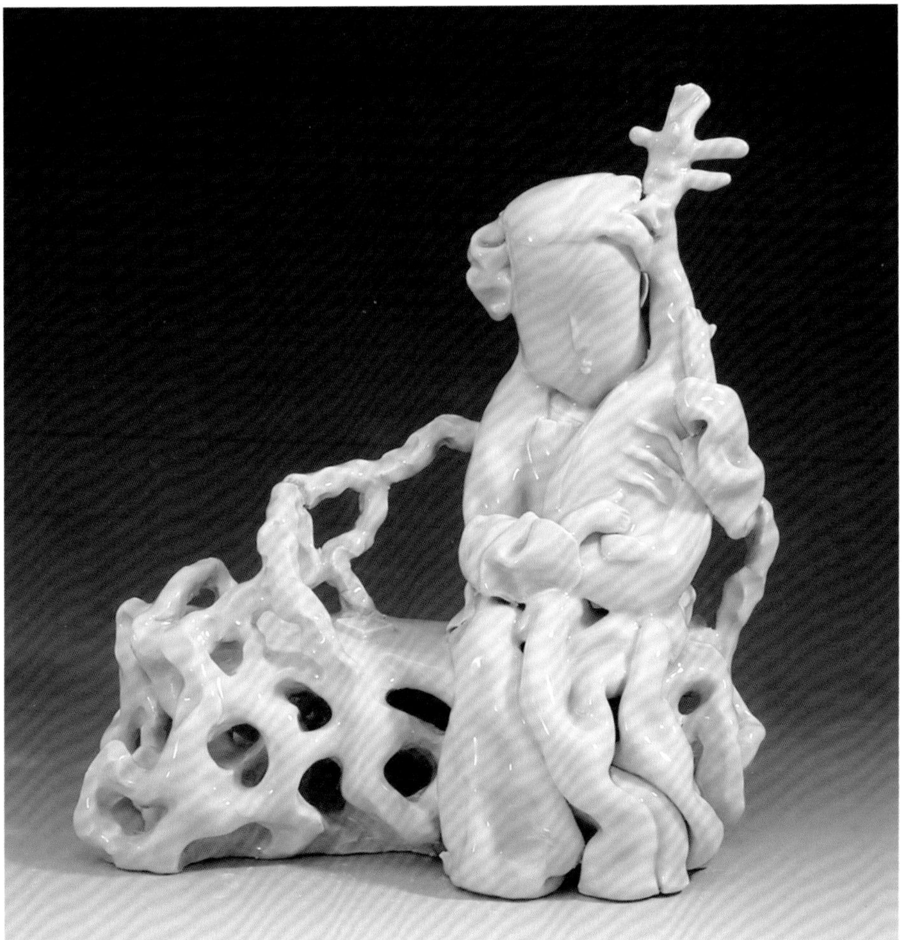

图 7–10　《西江月》　黄胜

幽的青白釉色相得益彰，颇具古典意境，又具有现代审美气息。黄胜创作了大量的青白瓷雕塑作品和生活陶瓷，色彩介质轻盈，颇具生活气息，呈现的整体效果经常是朴素而典雅的（图 7–11 ～图 7–14）。

曹春生是景德镇陶瓷大学著名陶瓷雕塑艺术家，其作品中亦有青白瓷雕塑作品，图 7–15 即为其所创作的青白瓷雕塑作品《春江月夜》系列，虽以唐代仕女为主题，但所体现出的审美特质却完全不同于唐三彩雕塑，结

图 7-11　《游春》　黄胜

图 7-12　影青刻花瓶　黄胜

图 7-13　影青刻花罐　黄胜

图 7-14　影青刻花盘　黄胜

图 7–15 《春江月夜》系列 曹春生

构简洁而自然，在清雅温润的青白釉色的映衬下显得格外沉静，在彰显景德镇青白瓷之美的同时融入了现代思考。

赵兰涛亦创作有一批青白瓷作品，图 7–16 为其所创作的青白瓷陶艺作品《湖田边的荷塘之五》，作品造型独特，以圆润的茶壶为原型，缠绕以荷梗，釉色青白透亮、温润似玉。湖田是宋代景德镇青白瓷最具代表性的窑口，作者以此表达对宋代景德镇青白瓷之美的致敬与追忆。近年来，赵兰涛不断地尝试青白瓷新的形式，也取得了较好的效果（图 7–17 ~ 图 7–19）。刘颖睿的陶瓷艺术品则独具一种女性的柔美，如图 7–20 为刘颖睿所创作的青白瓷陶艺作品《丽人行》系列之一，作品既简约又不失细腻，既有传统韵味又不失现代气息，温润典雅的青白釉色呈现的是一种超然平淡之美，

图 7–16　《湖田边的荷塘之五》　赵兰涛

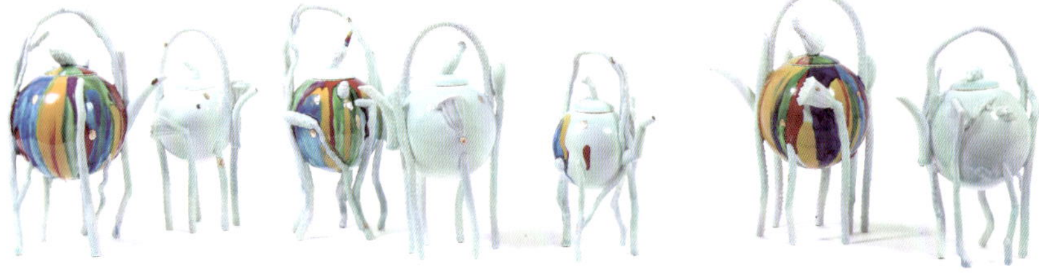

图 7–17　赵兰涛青白瓷作品

图 7-18　赵兰涛青白瓷作品局部

图 7-19　《一见桃花后》　赵兰涛　刘乐君

图 7-20　《丽人行》系列之一　刘颖睿

在创新性的形式中将宋人的审美品格包容其中。刘颖睿的青白瓷《丽人行》系列及《山水之间》，在市场上和社会上都产生了一定的影响（图 7–21 ~ 图

图 7–21 《丽人行》系列之一 刘颖睿

图 7–22 《山水之间》 刘颖睿

图 7–23 《丽人行》系列之一 刘颖睿

图 7–24 《阿福》 吕品昌

7–23）。除景德镇陶瓷大学的陶瓷艺术家以外，早期学习工作于景德镇陶瓷大学的中央美术学院的吕品昌也曾创作青白瓷雕塑作品，图 7–24 为吕品昌所创作青白瓷雕塑作品《阿福》，作品形象憨态可掬，圆润的形体与青白釉色相得益彰，展现出一种与宋人审美相通的古朴自然的审美理念。

当代陶瓷艺术家除创作青白瓷雕塑、陶艺作品以外，还设计创作一些日用陶瓷。图 7–25 为赵兰涛设计制作的青白瓷茶具《水中荷》，作品在保持实用性的基础上，借鉴传统的莲瓣形茶具进行大胆的夸张变形，既传承了宋代景德镇青白瓷之美，又赋予其以新的时尚审美内涵。

除陶瓷艺术家创作群体以外，在普通的陶瓷艺术工作者之中，青白瓷创作也并不鲜见。一些陶艺青年在生活陶艺的创作中常常引入青白釉元素，使青白瓷成为陶瓷文化创意产业的一部分，虽然名不见经传，但却丰富着景德镇的陶瓷市场，同样有利于促进宋代景德镇青白瓷活态化的传承与发展。

图 7–25　青白瓷茶具《水中荷》　赵兰涛

第三节　中小企业的推动

在宋代景德镇青白瓷活态化传承与发展事业的参与者中，既有科研机构，又有个人，也包括一些中小企业。在这些企业中，景德镇饶玉陶瓷文化传播有限公司无疑是其中的代表者。景德镇饶玉陶瓷文化传播有限公司位于景德镇名坊园，成立于2012年，景德镇宋元青白瓷研究所重组的成立，是江西省非物质文化遗产保护单位，是由一批青白瓷非物质文化遗产传承人组成的团队，继承与弘扬景德镇青白瓷，充分利用现代人才优势和科技成果，创造新的青白瓷制瓷技艺，运用现代审美观创造出传统与时尚兼具的青白瓷产品。该公司继承、研究和恢复了宋元时期青白瓷原料配方、纯手工制瓷烧成技艺，烧制了《追魂》系列作品。图7–26为该公司制作的《追魂》系列文房作品之一，从这件青白瓷金蟾水滴作品中可以看出其釉色青白温润，造型精巧，在尽得宋代景德镇青白瓷真谛的同时又有所创新。同时，

图7–26　青白瓷金蟾水滴

该公司也致力于人才培养事业，江西文化艺术基金 2018—2019 年度艺术人才培养资助项目《景德镇青白瓷半刀泥技艺人才培养》高研班即是在该公司举办。该公司无疑是宋代景德镇青白瓷活态化传承与发展的重要引领者与推动者之一。

此外，景德镇蓝印子陶瓷有限公司、景德秬器、景德镇宋元青白瓷研究所也是其中的代表。

景德镇蓝印子陶瓷有限公司源于景德镇蓝印东方。蓝印东方始创于 2009 年，其创始人为景德镇陶瓷大学陶瓷艺术设计本科毕业生赵磊，蓝印东方是以东方雅致生活为主打的陶瓷品牌，致力于传承中国陶瓷文化，以素雅为引导，以生活为范本，以实用为主旨，通过创新，全面打造精湛陶瓷工艺品牌。通过几年的运营和生产，蓝印东方拥有从策略到设计，再到制作落地的完整产业链。蓝印东方不仅仅是个品牌，更代表一种对东方雅

图 7–27　《大酉》　蓝印东方

图 7–28　《问月》　蓝印东方

图 7–29 《福禄寿喜》 蓝印东方

图 7–30 《山间》 蓝印东方

致生活的信念。其青白瓷产品传承东方家居文化，运用现代工艺技术，实现东方智慧与陶瓷器皿的结合，着眼于传统文化，展现了陶瓷自然之美。蓝印东方以一种抱朴守真的精神，演绎别样的东方气质（图 7–27 ~ 图 7–30）。

景德镇蓝印子陶瓷有限公司因为设计和市场的成功，吸收了众多设计类人才。公司在设计和制作青白瓷陶瓷制品时，进行深度的宋代陶瓷文化挖掘和青白瓷工艺上的提升，推出了一系列经典雅致的青白瓷产品。其致力于文化的继承和发展，力求在传承文化传统的同时进行革新和延续，使青白瓷产品在传统的记忆中渗透现代生活的真谛，是致力于宋代景德镇青白瓷的活态化传承和创新发展的中小企业中的重要力量。

景德䂵器是景德镇陶瓷大学陶艺雕塑专业硕士毕业生赵俊璞和其妻刘梦佳在 2009 年研究生学习期间与创意合伙人共同创建的生活陶艺文创品牌，赵俊璞师从陶瓷美术学院黄胜教授。该公司是以“学院派”青年陶艺家群体为主力共同组建的陶瓷机构，主要从事青白瓷艺术的研究、生产和文化交流。以学院创新人才为基础，在传承学习传统制瓷工艺的同时，创新陶瓷艺术表现形式，全力打造符合现代人审美追求的青白瓷产品。他们主张“器物要为生活服务，依附于生活才有它的意义”，提出“拒绝量产粗糙，但求典雅精致”的要求，以青白色为釉色，坚持创作“艺术化的手工生活陶瓷”。

产品包括青白瓷的茶具、酒具、文房四宝、香具等，其客户既有国内艺术爱好者及国内的各种会所、画廊、茶楼经营者，还有来自美国、韩国、日本、意大利、荷兰等国家和地区的陶瓷爱好者。景德昶器推出的青白瓷产品大多利用半刀泥工艺，瓷质晶莹剔透，颇具宋韵，是宋代景德镇青白瓷的活态化传承和发展不可忽略的力量。

景德镇青白瓷陶瓷研究所所长李阳春，因为酷爱素雅的青白瓷而半路出家，从事青白瓷的传承和开发，立志于青白瓷的振兴。李阳春认为，青白瓷是成就景德镇的一个历史品种，在烧制方面也有很多的技术突破，很有必要将这个古老的瓷种传承好，重塑它的辉煌。研究所定位为专业从事陶瓷工艺及文化研究和现代艺术创作，拥有多名国家级、省级陶瓷大师和教授，并囊括大批手工制瓷专家和陶瓷技术人员。研究所旗下的景德镇成窑礼品瓷有限公司和景德镇明成坊陶瓷有限公司，始终秉承“中国元素，创新艺术”的理念不断将传统手工制瓷推陈出新，以“承成化官窑之精神、汇当代技法之精工、融中外文化之精髓”为宗旨，朝着日用瓷艺术化、艺术瓷生活化的方向，倾力打造系列高品质、高品位手工生活器皿。近年来，研究所独创的“成窑·青白玉瓷”，遵循古法工艺，采用天然矿物原料配方，融入思想、文化和高超技艺，已实现“白中闪淡青色，莹润精细，晶亮透彻，不开纹片，釉内有极细的气泡”等特点，其产品技术突破的项目得到景德镇科技局大力支持。

当然，景德镇还有一批中小企业在尝试附带开发宋代青白瓷产品，如景德镇贝特陶瓷有限公司，其有着一流的设计和生产销售队伍，并能把制作工艺与市场的需求紧密结合，不断开发出既有特色又受市场欢迎的新产品，其云术品牌有大量青白瓷，该类产品张弛有度，精究细节，切合了宋代青白瓷的细腻、透亮且蕴含哲学精神的特征。景德镇中小企业附带生产青白瓷较多，零零散散，未能形成拳头产品，但是，其丰富了青白瓷的市场，使宋代景德镇青白瓷的传承和发展形成了涓涓细流的景象（图 7-31 ~ 图 7-34）。

图 7-31 《多管青白瓷罐》 饶玉陶瓷

图 7-32 《仿宋茶壶》 饶玉陶瓷

图 7-33 《观音》 饶玉陶瓷

图 7-34 《佛像》 饶玉陶瓷

第八章

宋代景德镇青白瓷活态化传承与发展的价值

第八章 宋代景德镇青白瓷活态化传承与发展的价值

第一节 历史记忆的唤起

宋代景德镇青白瓷活态化传承与发展的首要任务在于传承，只有传承，才能实现宋代景德镇青白瓷的活态化发展，而在传承中，复原和再现宋代景德镇青白瓷之美是必然的。宋代景德镇青白瓷活态化传承与发展的重要价值之一在于其所具备的显著的历史价值。

宋代距今已较为久远，中间经历了元朝、明朝、清朝及民国时期，因此，人们对宋代的认知已经成为历史记忆。而通过历史文献来认知，是一种间接性的认知，缺乏直观性。宋代景德镇青白瓷活态化传承与发展则为新时代的人们认知宋代审美提供了一个更具直观性的方式，更能从情感上拉近与宋代的距离，为民族自信心、民族自豪感的提升提供物的参照。宋代景德镇青白瓷活态化传承与发展通过复现宋代景德镇青白瓷的釉色之美、工艺之美、造型之美，向人们展现出宋代人独有的审美趣味与理念，使人们通过活态化传承与发展的宋代景德镇青白瓷，领略宋人深刻的审美追求和美学思想。图 8-1 为景德镇百艺陶瓷文化传播中心制作的青白瓷茶具和水盂，其釉色温润恬静，完美地复现了宋代景德镇青白瓷之美，使人能够从中领略到宋人独特的审美思想与生活方式。

宋代景德镇青白瓷活态化传承与发展的历史价值不仅体现在再现宋代

图 8–1　青白瓷茶具和水盂

独具魅力的陶瓷器物审美观，也体现在其再现了当时的社会经济发展水平。从陶瓷历史的发展情况来看，凡是社会经济发展水平较高的时代，其陶瓷器物通常表现为精致而美观，显示出当时生产力的先进和经济的繁荣，反之，则陶瓷器物显得粗糙不堪。从整体上来说，典型的宋代景德镇青白瓷青白如玉，显现出精致而美观的品质，从而体现出宋代在总体上所表现出的社会经济的繁荣。因此，从宋代景德镇青白瓷活态化传承与发展中，我们也可以从中遥想宋代社会繁荣的经济面貌。

宋代景德镇青白瓷活态化传承与发展的历史价值还在于，能够使我们从活态化传承作品中体会宋代人的生活品位与方式。宋代是一个非常风雅的时代，人们注重生活品位的高雅和生活方式的审美与休闲。从宋代景德镇青白瓷活态化作品中，我们能够体会到宋人雅致的生活方式，并受到熏陶与感染。追求宋人的雅致生活已经成为如今的一种时尚，而使用宋代景德镇青白瓷的活态化用器，无疑能够为这种追求提供一种触手可及的方式，满足一部分人群追求古风生活的历史怀旧情结。

总之，宋代景德镇青白瓷的活态化传承与发展，是宋代历史的精髓，汲取的是宋代景德镇青白瓷中的精华部分，是活态化的历史传承，激活了历史基因。从本质上来说，属于非物质文化遗产的重要组成部分，不仅体现着历史上的审美与生活理念，也给新时代优秀历史文化的传承树立了一个典范。

第二节　艺术的传承与创新

宋代景德镇青白瓷活态化的艺术价值主要体现在两个方面，一是艺术传承价值，二是艺术创新价值。

宋代人雅致的器物观决定了宋代景德镇匠人在制作青白瓷时，绝非仅将其作为一种实用器物来制作，而是将其作为一件艺术器物来制作，也正因为如此，宋代景德镇青白瓷才具有显著的艺术价值，是实用性与艺术性的结合。宋代景德镇青白瓷的活态化，在艺术性上必然要能够再现宋代景德镇青白瓷的艺术特色，显示出与宋代青白瓷之间“血脉相连”的传承关系。

宋代景德镇青白瓷活态化的艺术价值不只在于艺术传承价值，还在于艺术创新价值。宋代景德镇青白瓷的活态化不是一成不变地仿古、泥古，而是在传承基础上的创新。如果仅仅是一成不变地仿古，那么这种活态化于艺术价值方面是没有太大意义的，因为艺术最重要的特征在于创造性。因此，宋代景德镇青白瓷的活态化传承与发展，需要充分激活新时代景德镇青白瓷手工艺者的艺术创造力，使其发挥出艺术个性，努力挖掘出新的艺术价值，恢复和发展优秀艺术元素，使活态化产品既体现历史艺术特色，也能够契合现代审美。图 8–2 为黄胜所创作青白瓷雕塑《游春》，一方面，作品立足于传承宋代景德镇青白瓷精髓，釉色润泽如玉，尽得其审美风采与意境；

图 8–2 《游春》 黄胜

另一方面，作品在形象塑造和风格体现上具有明显的现代气息，采用了现代陶艺的表现手法，表现出显著的创新性。

从宋代景德镇青白瓷活态化艺术价值的内涵来看，它具体表现为以下几方面。一是视觉艺术价值。宋代景德镇青白瓷活态化传承与发展中，最重要的显然是釉色的艺术化呈现，不仅包括色彩，还包括釉色的光泽、层次、质地、肌理等各方面，给人以视觉冲击力。二是环境艺术价值。宋代景德镇青白瓷活态化传承作品，大多数情况下是置于特定的环境当中的，由于青白瓷的素雅洁净，能够适应各种环境，大多数情况下都能够与周边的环境完美融合，从而形成和谐的艺术之美。三是艺术风格价值。艺术风格是与审美思想相联系的，当代宋代景德镇青白瓷活态化传承与发展的从业者，大多接受了系统的美术训练，与封建社会的手工匠人不可同日而语。 也正因为如此，宋代景德镇青白瓷活态化的作品除具备了普遍的宋代审美风格以外，创作者还将个人的艺术风格融入其中，不同艺术风格的活态化作品

图 8–3　《湖边的荷塘》　赵兰涛

的出现显然增添与丰富了作品的艺术价值。图 8–3 是赵兰涛的青白瓷作品《湖边的荷塘》，作品独具个人风格，识别性很强。四是装饰价值。宋代景德镇青白瓷活态化传承与发展中，除釉色以外，往往还需要进行其他的装饰，包括雕刻装饰以及局部的彩绘装饰等。这些附加于釉色上的装饰艺术，有助于青白瓷的更好呈现，并使青白瓷釉色更具有一种装饰之美，从而使青白瓷的艺术价值进一步增强。

第三节　工艺的推陈出新

宋代景德镇青白瓷的出现充分体现了宋代的陶瓷工艺发展水平，是宋代陶瓷工艺进步的产物，宋代景德镇青白瓷活态化传承与发展是对宋代景德镇青白瓷在工艺技术上的恢复与变革。因此，工艺价值也是宋代景德镇青白瓷活态化传承与发展的核心价值之一，是不容忽视的重要价值。

宋代景德镇青白瓷活态化传承与发展以工艺传承与复原来加以呈现，而这也是评价作品是否属于宋代景德镇青白瓷活态化的关键因素和标准。宋代景德镇青白瓷活态化的工艺传承与创新之间的关系，仍是当前需要重点处理与解决的重要课题。宋代景德镇青白瓷是在当时的生产工具、生产技术、生产材料等工艺条件下产生的，因此，在活态化传承与发展中应当充分地传承这些传统的工艺，只有较完整地传承工艺，其工艺价值才能得到充分体现。

但是，新时代陶瓷制作的基本工艺条件已经发生了巨大的变化，如果一味追求对宋代景德镇青白瓷工艺完整地进行工艺传承，实际上是无法实现的。对工艺进行变革势在必行，只有改革才能使活态化得到顺利实施。进行必要的工艺变革，实际上就是一种工艺创新，因而宋代景德镇青白瓷活态化的工艺价值还表现在工艺创新方面，这和其艺术价值同样具有的传承与创新两方面内容是相通的。

宋代景德镇青白瓷活态化的工艺价值体现在两方面。其一是体现在工艺流程的活态化展示方面，即对宋代景德镇青白瓷制作工艺流程的模仿与展示，力图呈现其原貌，使人们能够从中完整地领略到宋代景德镇青白瓷制作工艺特色。当然，通过模仿工艺流程的方式展示工艺传承价值具有较大的操作难度，因为其中的不少工艺流程是难以复原的，这也就意味着只能部分地还原工艺流程。其二是体现在产品的活态化展示方面，即通过已经完成的宋代景德镇青白瓷活态化产品来使人们从产品中体会到宋代景德镇青白瓷工艺原貌。这种工艺传承的方式更为普遍，创作者所采取的工艺中实际上有许多是现代工艺手段，所呈现的最终产品与宋代景德镇青白瓷相同或相近。相同的釉色虽然部分甚至全部采取了现代工艺手段，但最终的成品达到了原品的釉色效果，则仍可以看作是一种传承，具有工艺传承价值，因为采用现代工艺手段如果能够复原宋代景德镇青白瓷，其本身是具有较大难度的。而釉色相近者，是以宋代景德镇青白瓷釉色以及工艺理念为基础的，具备工艺创新价值，而这显然也是符合 2017 年《中国传统工艺振兴计划》中的总体要求。《中国传统工艺振兴计划》中指出："发掘和运用传统工艺所包含的文化元素和工艺理念，丰富传统工艺的题材和产品品种，提升设计与制作水平，提高产品品质，培育中国工匠和知名品牌，使传统工艺在现代生活中得到新的广泛应用，更好满足人民群众消费升级的需要。"因此，宋代景德镇青白瓷活态化传承与发展活动中的工艺变革，是对传统工艺的丰富，是传统工艺在现代生活中的新的应用，其工艺创新价值自然是不可忽视的。

第四节　文化自信的转换

改革开放以后，中国传统陶瓷文化开始受到西方现代文化的冲击，并在 21 世纪以后进入现代转型发展当中。一方面，中国传统陶瓷文化的现代转型是不可避免的必然发展趋势；另一方面，在中国传统陶瓷文化的现代发展中出现了一些全盘西化、脱离中国传统文化的不良倾向。因此，在新时代中国传统陶瓷文化走向现代的过程中，必须协调传统文化与现代文化的关系，推动与促进新时代中国陶瓷文化健康、可持续地向前发展。宋代景德镇青白瓷活态化传承与发展则为中国陶瓷艺术发展中传统文化与现代文化的协调发展提供了一个典型示范，因而具有积极而重要的文化价值。

习近平总书记曾指出：“不忘本来才能开辟未来，善于继承才能更好创新。”中华优秀传统文化是中华民族的根和魂，宋代景德镇青白瓷文化无疑属于中华优秀传统文化的组成部分，在西方现代陶艺文化的激荡下，中国陶瓷艺术要站稳脚跟，必须依托于传统根基。因而，宋代景德镇青白瓷活态化是传统文化的传承，是对民族文化根基的培植，其文化价值自是不可忽视的。

但是，新时代的中华优秀传统文化既需要忠实传承与弘扬，同时也需要坚持古为今用、推陈出新，既不能片面地厚古薄今，更不能片面地厚今薄古。宋代景德镇青白瓷活态化传承与发展既是本着科学的态度，继承与弘扬中华优秀传统文化，同时又是对中华优秀传统文化的创造性转化和创新性发展，使之与现代文化相融相通。图 8–4 是姚永康青白瓷雕塑作品《世纪娃》系列之一，这件作品采取的是古老的婴戏图题材，其釉色传承了宋代景德镇特征，具有古朴典雅的特点，形成浓郁的传统文化色彩，同时在造型结构当中创造性地运用了夸张变形的形式，传达出新时代国家重生的现代文化主题。

图 8–4 《世纪娃》系列之一 姚永康青白瓷雕塑作品

宋代景德镇青白瓷活态化的创造性转化，就是要按照新时代的特点和要求，对陈旧的表现形式加以改造，赋予其新的时代内涵和现代表达形式，激活其文化生命力；创新性发展，就是要按照新时代的新进步、新进展，对中华优秀传统文化的内涵加以补充、拓展、完善，增强其文化影响力和感召力。宋代景德镇青白瓷审美活态化传承与发展正是通过传统文化的创造性转化和创新性发展，使之与现代文化融合在一起，具有显著的文化价值。

第五节 文化产业的延展

从文化与经济共同发展的角度来说，宋代景德镇青白瓷活态化传承与发展毫无疑问对推动产业发展具有重要价值，在传播传统文化的同时也在创造着经济产值。

从生产力角度来说，宋代景德镇青白瓷活态化传承与发展保持着传统手工艺特色，因而属于劳动密集型产业。随着现代陶瓷科技的发展，现代机械化陶瓷工厂所需要的劳动力越来越少，而传统陶瓷手工艺活态化传承与发展却仍需要较多的劳动力。宋代景德镇青白瓷活态化传承与发展，作为一种生产活动，自然也需要较多的劳动力。宋代景德镇青白瓷活态化生产活动，既需要具有较高技术能力的劳动力，也需要许多技术不高的劳动力来从事体力劳动，这在一定程度上帮助社会解决了部分就业问题。

宋代景德镇青白瓷活态化生产活动可以采取多种多样的生产方式，灵活的生产方式使其适应性更强，能够在经济新常态中发挥更好的作用。宋代景德镇青白瓷活态化生产既可以采取个人或家庭作坊式，也可以采取产业化生产方式，经济适应性非常强，能够针对市场生产不同的产品。宋代景德镇青白瓷活态化生产活动既可以建立产、学、研相结合的产业化、规模化生产方式，也可以在不需要巨额的资金投入和现代科学技术的情况下进行生产，既能建立小型企业，也能在个人作坊中实现生产，具有投入小而产值大的特点，有较高的经济效益和经济回报。

由于宋代景德镇青白瓷活态化产品具有物质与精神两重属性，因而它能够在文化创意产业、旅游文化产业中发挥重要作用。宋代景德镇青白瓷活态化产品属于传统手工艺产品，其单品生产时间较长，而在这一过程中凝聚了制作者的个性和情感因素，使人能够感受其中所蕴含的人文情怀，非常适合于制作陶瓷文化创意产品和旅游文化产品，从而为推动陶瓷文化创意和旅游文化产业发展发挥重要作用。图 8-5 为景德镇创艺陶瓷文化传

图 8-5　青白瓷创意花插

播有限公司制作的青白瓷创意花插，作品简洁而精巧，釉色莹润美观，造型富有创意，既可作为陶瓷文化创意产品，亦可作为陶瓷旅游文化产品，为陶瓷经济的发展做出了贡献。

宋代景德镇青白瓷活态化产品并不仅仅是传承，也需要契合于时代审美而进行一定变革与创新，能够满足现代人的审美需求，同时又具有较高的文化品位，满足人民日益增长的对美好生活的需求。

第六节 工匠精神的传扬

随着我国社会主义现代化建设的持续快速发展，在经济腾飞的同时，自然环境保护也面临着很大的压力。现代大规模的陶瓷生产活动对环境具有较大的影响，特别是建筑卫生陶瓷、普通日用陶瓷生产，在消耗大量资源、能源的同时也对自然产生污染与破坏，并可能导致资源枯竭。景德镇也正是由于用于瓷业生产的瓷石资源的枯竭而成为我国第二批资源枯竭型城市，大规模的建筑卫生陶瓷及普通日用陶瓷的生产并不适宜在景德镇开展。宋代景德镇青白瓷活态化传承与发展活动由于具有较高的文化附加值，所需自然资源较少，能够在生产活动中有效地减轻对自然环境的污染及对资源的消耗，从而有助于自然环境保护，有助于协调社会发展与自然保护之间的关系。

宋代景德镇青白瓷活态化传承与发展活动作为一种手工艺活动，传承和弘扬着传统的工匠精神，而工匠精神在当今社会中正面临着严峻挑战。工匠精神是工匠对自身产品精益求精、精雕细琢的精神理念，是一种价值理念和道德素养。从社会层面来说，新时代同样需要工匠精神，以树立一种良好的社会风气。因此，宋代景德镇青白瓷活态化传承与发展活动有利于工匠精神的传播与弘扬，有利于崇尚工匠精神氛围的形成，从而有利于树立良好的社会风气，促进社会文明与进步。

宋代景德镇青白瓷活态化传承与发展活动作为一种手工艺活动，具有人本化的特点。在大工业机器生产活动当中，人的力量变得渺小，人类出现自我迷失，而宋代景德镇青白瓷活态化传承与发展活动则将人与技术紧密地联系起来，产品的优劣更直接地与人的技术有关，而非机器，人的劳动得到了尊重，并感受到劳动所应具有的乐趣，从而体现出鲜明的人本主义思想，从根本上来说，体现出了社会发展与人的发展的同步性，有助于社会和谐与人的身心健康。

宋代景德镇青白瓷活态化产品从功能上来说，既具有审美功能，也具有实用功能，能够同时满足社会大众的精神与物质两方面需求。从实用性上来说，传统手工艺生产的本质目的是满足社会大众的生活需求。宋代景德镇青白瓷活态化产品并没有抛弃实用性，青白瓷的载体包括许多实用器物，如茶具、餐具等，既有继承传统的各类实用器物，也有许多是在传统造型基础上的改造与变革。而在保留传统实用性特征的同时，宋代景德镇青白瓷活态化产品更主要的还是从艺术性的角度来展现青白瓷之美。通常来说，由于宋代景德镇青白瓷活态化产品绝大多数体积较小，主要用于美化装点室内环境，为满足人们美好生活的需要而助力，促进社会文明和谐。

第九章

宋代景德镇青白瓷活态化传承与发展的影响因素分析

第九章　宋代景德镇青白瓷活态化传承与发展的影响因素分析

第一节　原材料的储备

宋代景德镇青白瓷的形成是与景德镇“水土宜陶”的自然资源条件密不可分的，因此，分析宋代景德镇青白瓷的活态化传承与发展，首先必须分析其自然资源条件，看如今的自然资源条件是否符合宋代景德镇青白瓷活态化传承与发展的要求。

宋代景德镇青白瓷是采用单一的瓷石矿产作为瓷胎和瓷釉的基本原料。如今，景德镇已经成为资源枯竭型城市，这就意味着作为景德镇瓷业支撑的瓷石矿产资源在景德镇的储藏量已经变得非常稀少。不过，从实际储量来看，仍然有巨大的潜力，但是大量开采势必对青山绿水的自然环境造成很大破坏，因而只有少数地区还在维持少量的开采活动，主要的瓷石要从外地调入，而从外地调入的瓷石矿产与景德镇本土瓷石矿产显然会有差异。因此，如果进行较大规模的宋代景德镇青白瓷的活态化生产活动，瓷石矿产资源是最关键的影响因素之一。

宋代景德镇青白瓷的瓷釉是采用釉果加釉灰的配方制成的。釉果利用的是与瓷胎一致的瓷石资源，只不过是风化程度较浅的瓷石，而釉灰则是采用草木灰与石灰的配方制作而成的。草木灰的原料为槎草，也就是狼棘草，狼棘草生长速度快，再生能力强，这种草在如今的景德镇山区中依然是漫山遍野，石灰在景德镇也仍然有较丰富的储藏。因此，除瓷石外，狼棘草和石灰也是宋代景德镇青白瓷活态化生产活动的重要影响因素。

纯正的宋代景德镇青白瓷采用的燃料是松木。因多年来的植树造林和封山育林，如今景德镇森林覆盖率非常高，松树产量也非常高，但松木已不再是一种低廉的燃料，大量使用势必造成巨大的成本开支，而且大量采用松木烧瓷的柴窑会产生较严重的烟尘污染，破坏大自然的生态平衡。在过去流传着一句话，“一里窑，十里焦”，可见柴窑对自然生态破坏力是非常强的。因此，出于对自然生态环境保护的考量，采用松木烧制瓷器的传统柴窑的数量是非常有限的。但如果不采用松木，而采用现代气窑或电窑进行烧制，则难以达到与传统柴窑相类似的效果，青白瓷难以呈现出如青白玉般温润莹泽的质感。因此，松木燃料的问题显然也是制约宋代景德镇青白瓷活态化生产活动的主要因素之一。

宋代景德镇青白瓷的瓷石矿产采用的是水碓工具，利用溪水的冲力来达到粉碎瓷石的目的。若干年前，景德镇郊区仍有大量的水碓，而随着开发建设，水碓几乎不复存在，为数不多的水碓也只是作为景区景点，并不具备实际用途。当然，如今我们可以采用现代技术对瓷石进行粉碎，电力设备显然比水碓这一古老的水力粉碎设备更具有优势。因此，水力因素已经不是重要的影响因素。另外，宋代景德镇青白瓷的制作也离不开水源，因此，所有的青白瓷窑址均接近水源。而如今，景德镇昌江流域仍然拥有丰富的水资源，并且早已采用自来水作为水源，即使不靠近水源也能够进行生产活动，因而水资源也已不是重要的影响因素。

第二节　国家政策的扶持

政策因素也是影响宋代景德镇青白瓷活态化传承与发展的非常关键的因素。新中国成立以后，在最初的几年，景德镇的传统手工制瓷技艺得到完整的延续。随着现代陶瓷工业体系的建设，传统手工业制瓷业开始逐渐衰败，只在国有瓷厂的美术研究所和陶瓷科研机构中存在。20 世纪 70 年代后期，受到工艺美术品出口赚取外汇需求的影响，景德镇传统手工制瓷活动开始重新兴起。20 世纪 90 年代中后期，景德镇国有瓷厂体系崩溃，在市场经济政策的支持下，大批的下岗工人下海开设大量的手工制瓷作坊，手工制瓷体系在景德镇重新兴起，手工制瓷活态化生产空前活跃，其体系之完整在全国都是罕见的。

进入 21 世纪以后，国家制定出台的不少政策，对于传统手工制瓷的活态化生产具有极大的推动作用。特别是 2017 年，文化部、工业和信息化部、财政部制定，于 3 月 12 日经国务院同意并发布了《中国传统工艺振兴计划》，该计划以国家级非物质文化遗产代表性项目名录为基础，对具备一定传承基础和生产规模、有发展前景、有助于带动就业的传统工艺项目，建立国家传统工艺振兴目录，实施动态管理，鼓励地方参照建立本级的传统工艺振兴目录。对列入振兴目录的项目，政府予以重点支持。这一政策显然对宋代景德镇青白瓷活态化传承与发展具有极大的影响力和推动力。

2019 年 7 月，一个对景德镇具有更大影响力的政策——《景德镇国家陶瓷文化传承创新试验区实施方案》获国务院批复通过，并于同年 8 月由国家发改委与文化和旅游部联合印发。方案中明确指出："以习近平新时代中国特色社会主义思想为指导，全面贯彻党的十九大和十九届二中、三中全会精神，统筹推进'五位一体'总体布局，协调推进'四个全面'战略布局，坚持新发展理念，落实‘一带一路’倡议，以体制机制改革为重点，传承和弘扬陶瓷文化，建好景德镇国家陶瓷文化传承创新试验区，打造对外文化交流新平台，努力走出一条具有世界意义、中国价值、新时代特征、景德镇特点的优秀传统文化传承创新发展新路子。”目前，景德镇国家陶瓷文化传承创新试验区建设已经正式启动，正在全力打造与世界对话的国际瓷都。在江西省政府的直接领导下，景德镇市政府出台了《景德镇国家陶瓷文化传承创新试验区建设2020年前工作要点》。这一政策针对的是景德镇陶瓷文化的传承与创新，而宋代景德镇青白瓷活态化传承与发展显然也属于这一范畴，因此，这一极为重要的政策，为景德镇陶瓷文化指明了发展方向。工作要点中明确指出：“围绕建设国家陶瓷文化保护传承创新基地，着力推进陶瓷文物与陶瓷非物质文化遗产保护和‘活化’利用，进一步建立健全物质文化遗产保护体系和非物质文化遗产传承体系。”工作要点对陶瓷非遗保护与“活化”利用提出了明确要求，对宋代景德镇青白瓷活态化传承与发展工作具有更为直接的影响力。

除国家政策因素以外，景德镇市围绕着国家政策也针对性地出台了不少相关的地方政策，这些地方政策以坚决贯彻和落实国家政策为目标，保证了国家政策的实施，因此，地方政策因素也同样是宋代景德镇青白瓷活态化传承与发展的重要影响因素。

第三节　制瓷文化的交融

人才也是影响宋代景德镇青白瓷活态化传承与发展的决定性因素之一。景德镇自古以来即是一座“工匠来八方，器成天下走”的移民城市，宋代景德镇之所以能够制作出具有精美釉色的青白瓷，除了自然资源条件优越以外，在很大程度上还取决于景德镇集聚了数量巨大的各地人才。一方面，宋代景德镇青白瓷的人才来源于本土，另一方面，还包括大量因躲避战乱而自北方来到景德镇的制瓷工匠。大量的本土人才与外来人才的结合，是推动宋代景德镇青白瓷技术不断进步的根本动力，也是其特征形成的根本原因。

新中国成立以后，现代陶瓷工业体系虽然逐渐建立起来，但是传统的手工制瓷体系并未消失，其中也包括传统的宋代景德镇青白瓷技术。景德镇传统手工制瓷在20世纪90年代末大规模兴起，而其中的佼佼者大多数是世代手工制瓷的陶瓷世家。在他们的巧手下，景德镇传统手工瓷器得以活态化方式存在，并且在工艺形式上，更在审美特色上，保持了一种原汁原味的历史风采。在大批景德镇手工制瓷工作者中，有名满天下的大师，更多的则是默默无闻的普通劳动者，其中也包括不少手工制作青白瓷的工作者。

自元代以后，景德镇的陶瓷装饰由青白瓷刻划及印花装饰进入以彩绘装饰为主导的新时代，受这种传统思想的影响，绝大多数景德镇手工制瓷的名家大师从事的是彩绘装饰工作，如青花、粉彩等，而从事色釉及雕刻装饰的工作者则较少能够成为名家大师。青白瓷属于色釉以及雕刻装饰类型，在景德镇传统制瓷中无疑属于较小的行当，因此，从事这一行业的大都为普通的劳动者，而绝少名家大师。但绝不能就此认为制作青白瓷的劳动者技艺及艺术水准不高，事实恰好相反，能够将宋代青白瓷复原并达到宋代审美水准的陶瓷工作者，其技艺水平和艺术水准绝不会在彩绘名家大师之下。

正因为如此，为了保障景德镇手工制瓷业的共同繁荣，景德镇市政府评定了大批非物质文化遗产传承人，如在2019年评定的景德镇第六批非物质文化遗产代表性传承人当中，景德镇传统青白瓷制作技艺的传承人即达到了三位，即李清良、吴志诚、毛文平。而在前几批中，也不乏传统青白瓷制作者的身影，而没有上名录者肯定数量更多。这些景德镇传统青白瓷制作技艺的传承人才，构成了宋代景德镇青白瓷活态化传承与发展的人才基础，是非常重要的影响因素，没有这些人才的存在，活态化传承与发展将无从谈起。

进入 21 世纪以后，景德镇传统手工制瓷工艺进一步发展成熟，与此同时，由于景德镇传统手工制瓷体系的完整丰富，独具特色，也吸引了数量巨大的外来人员前来景德镇从事手工制瓷活动。仿效“北漂”的说法，景德镇将这些外来工作者亲切地称为“景漂”，并且于 2017 年专门设立了景德镇市景漂景归人才服务局，显示出对外来人才的高度重视。青白瓷并非景德镇所独有，宋代时的青白瓷生产以景德镇为中心形成了一个庞大的青白瓷窑系，如今，一些景德镇以外的宋代青白瓷窑址所在地也陆续出现了一批致力于宋代青白瓷活态化传承与创新事业的人才。因此，景漂人才纷纷到来，为外地的青白瓷技艺进入景德镇带来了契机。景漂人才大多善于学习，他们很可能出于喜爱之情而投身学习景德镇的传统青白瓷技艺，并融入其不同于景德镇的思想观念，从而有可能为宋代景德镇青白瓷活态化传承与发展赋予新的形式与内涵。因此，在研究宋代景德镇青白瓷活态化传承与发展的人才因素问题上，不仅需要考虑本土以及景归人才因素，景漂人才也是不容忽视的重要人才因素。

第四节　人才的培育

尽管景德镇自 20 世纪 90 年代以后陶瓷生产出现了显著下滑，特别是日用陶瓷生产方面下滑严重，从而在总产值上远低于沿海一些陶瓷产区，包括佛山、德化、潮州，等等。然而，尽管这些沿海产瓷区陶瓷产值远大于景德镇，但就陶瓷教育领域而言，景德镇却占据了绝对优势，绝大多数的高端陶瓷人才由景德镇的陶瓷教育体系中培养出来。因此，在探讨新时代景德镇宋代青白瓷活态化传承与发展问题时，教育也是其中非常重要的影响因素之一。

景德镇拥有中国唯一的一所以陶瓷命名的高校——景德镇陶瓷大学。景德镇陶瓷大学成立于 1958 年，其前身为清末的中国陶业学堂。自 1958 年设置本科建制的景德镇陶瓷学院，是原轻工业部所属八大轻工本科院校之一，1984 年成为硕士学位授予单位，2013 年成为博士学位授予单位，2016 年更名为景德镇陶瓷大学。景德镇陶瓷大学肩负着振兴新中国陶瓷工业的使命与责任，秉承着“诚朴恕毅”的校训精神，根据各时期国家经济社会发展和时代发展的需要，充分发挥基地办学优势，致力于培养为陶瓷业服务的精英人才，先后为国家培养了 7 万余名陶瓷专门人才，仅在广东佛山，就有万余名学校毕业生扎根，撑起中国建陶业的一片蓝天。同时，造就了一大批著名陶瓷艺术家、设计师、科技领军人物和企业家，创造了科达机电、箭牌、金意陶、简一陶瓷、欧神诺、道氏制釉等一批陶瓷著名品牌，深刻影响着中国陶瓷工业发展，形成了为人所称道的“陶院现象”，享有“陶瓷黄埔”美誉。景德镇陶瓷大学现拥有全日制在校生 2 万余人，其中硕士、博士研究生 1300 余人，并招收法国、韩国、日本等 13 个国家和地区的留学生，形成了完整的人才培养体系，在中国高等陶瓷教育中独占鳌头，占据绝对优势。

景德镇陶瓷大学非常重视培养学生的应用能力与动手能力，在这种教育理念下，景德镇陶瓷大学的学生们许多成长为优秀的手工制瓷工作者。

景德镇陶瓷大学对传统制瓷技艺的传承与创新非常重视，设置了较多的传统陶瓷技法与技巧课程，举办了较多的传统陶瓷活动，宋代景德镇传统青白瓷技艺的传承也是其中的重要内容之一。景德镇陶瓷大学还拥有全国顶尖的陶瓷材料专家，在釉料配制上具有高超水平，充分具备宋代景德镇传统青白瓷活态化传承与发展的实验设备和技术。景德镇陶瓷大学下属的陶瓷研究所，曾经是中国轻工业部陶瓷研究所，在传统手工制瓷技艺传承研究方面曾经独占鳌头，如今仍然具备较强的传统制瓷技艺复兴力量，并高度重视传统制瓷复兴工作。

此外，景德镇地区还拥有一所重要的地方本科院校——景德镇学院。作为服务于地方的高校，景德镇学院是教育和旅游部授予的传统陶瓷技艺传承单位，传承景德镇传统制瓷技艺为其义不容辞的职责。另外，景德镇地区还拥有江西省陶瓷工艺美术职业技术学院、景德镇陶瓷职业技术学院，以及景德镇艺术职业大学，在陶瓷传承和创新力量上不可小觑。景德镇雄厚的高校陶瓷教育力量，使得景德镇在传统景德镇陶瓷技艺传承方面拥有一流的教育、科研条件和众多的人才，是宋代景德镇青白瓷活态化传承与发展水平提升的根本保证，因此，教育因素也是宋代景德镇青白瓷活态化发展不容忽视的重要影响因素。

第五节　市场发展与需求

宋代景德镇青白瓷特征的形成在很大程度上取决于当时的市场状况。蒋祈在其所著《陶记》中指出："若夫水制之东、西，器尚黄黑，出于湖田之窑者也；江、湖、川、广器尚青白，出于镇之窑者也。"这里所记述的湖田窑青白瓷釉色黄黑、镇窑青白瓷釉色青白的说法虽然未必准确，但至少说明了一种情况，即受到审美喜好的影响，各地市场需求并非一致。市场是制约宋代青白瓷形成的关键因素之一，于宋代如此，于新时代更是如此。我国自改革开放之后，进入市场经济时代，宋代景德镇青白瓷的活态化传承与发展也不可能置身事外，必然会受到市场经济的巨大影响，因此，市场因素毫无疑问也是宋代景德镇青白瓷活态化传承与发展不可忽视的重要影响因素之一。

就改革开放以后景德镇的市场经济发展状况而言，受到区位劣势的影响，江西省的改革开放步伐远远落后于沿海地区，属于存在感很弱的省份，景德镇也同样如此，直至 20 世纪 90 年代初期，仍基本处于计划经济状态。20 世纪 90 年代中后期，大批的瓷厂下岗人员被推向市场，景德镇的市场经济才进入真正发展的时期。进入 21 世纪以后，景德镇的市场经济又加快了发展步伐。2004 年，景德镇借置镇千年的契机，成功举办了首届中国景德镇国际陶瓷博览会，引发了景德镇陶瓷产业市场化的迅猛发展，特别是艺术陶瓷，呈现出井喷式增长，也因此吸引了大批各地艺术界的“景漂”人士前来分市场蛋糕。2012 年以后，景德镇陶瓷市场迅猛发展的势头停止，不断趋于冷淡，陶瓷产业进入转型发展时期，陶瓷文化创意产业开始蓬勃兴起，这意味着景德镇陶瓷产业市场化的发展步伐还在持续迈进。在景德镇陶瓷产业不断市场化的背景下，市场因素必然对宋代景德镇青白瓷活态化传承与发展产生巨大影响。

市场因素对宋代景德镇青白瓷活态化传承与发展的影响主要体现在：其一，宋代景德镇青白瓷活态化传承与发展中制作的青白瓷产品与作品需要在市场中进行流通，在市场竞争中推动与促进产品的工艺与艺术品质不断提高，从而通过产业化手段获得更多的政策、资金等支持，寻求更大的发展空间；其二，宋代景德镇青白瓷活态化传承与发展中制作的青白瓷只有通过市场化，才能使更多的人获得产品，从中领略景德镇青白瓷之美，并认识到宋代景德镇青白瓷的传承与创新的紧迫性；其三，宋代景德镇青白瓷活态化传承与发展的市场化，契合于景德镇本地高校创新创业教育的发展方向，并衍生相应的产学研项目和创新创业机会，吸引高校人才加入宋代景德镇青白瓷活态化传承与发展的工作当中，以提升其科技与审美水平。

第六节　传统文化认知的回归

宋代景德镇青白瓷的发展是与宋代社会的美学观念、哲学观念紧密相连的，从一定程度上可以说是社会观念的产物。而随着社会观念的变化，青白瓷在明清时期已经大为弱化。如今，社会审美早已发生巨大变化，与宋代时的社会观念已有很大差异，因此，宋代景德镇青白瓷的活态化传承与发展还会受到不断发展的观念因素的深刻影响。

改革开放以后，西方发达国家的思想观念不断地对中国形成巨大冲击，与中国的传统文化艺术形成强烈碰撞，并直接引发了 85 美术新潮，中国文化艺术进入现代化发展阶段。中国文化艺术的现代化应当是建立在传统文化艺术基础之上而不应当照搬西方艺术，但是，改革开放以后，照搬西方艺术的不良倾向在中国美术界泛滥，也直接影响到了中国陶瓷艺术。20 世纪 50 年代以后，西方现代陶艺成熟并向世界各国广泛传播，掌握着国际陶艺发展的话语权。20 世纪 80 年代以后，西方现代陶艺传入中国，也传入景德镇，形成了以景德镇陶瓷大学为中心的景德镇现代陶艺发展体系。进入 21 世纪以后，景德镇现代陶艺迅猛发展，标志着景德镇陶瓷艺术已经全面脱离了单一的传统审美观念而进入多元审美观念的新时代。近年来，景德镇现代陶艺茁壮成长，其中的一部分作品进入全国美展当中，跻身于中国美术界主流。景德镇现代陶艺的成长与成熟固然可喜可贺，却对景德镇传统陶瓷艺术造成了强烈冲击。而宋代景德镇青白瓷活态化传承与发展显然属于景德镇传统陶瓷艺术的传承与创新范畴，不可避免地受到现代陶艺的冲击。

从表面上来说，景德镇传统陶瓷艺术是受到现代陶艺这一艺术形式的冲击，从本质上看，则是社会思想观念的冲击，是现代思想观念与传统思想观念的碰撞。进入 21 世纪以后，中国城市白领阶层迅速壮大，白领阶层的思想观念对社会整体思想观念的影响力与日俱增。白领阶层崇尚新颖时尚、流行前卫的思想观念，直接影响到了中国文化艺术的走向，而景德镇现代陶艺的发展与中国城市白领阶层数量的增多是成正比的，表明白领阶层在较大程度上影响着景德镇陶瓷艺术的发展方向。

所幸，近年来，国家对我国现代艺术发展中西方化的思想观念已经高度重视，并旗帜鲜明地提倡中国优秀传统民族文化艺术的传承与创新，从政策高度上来扭转社会思想观念，改变一部分人，特别是城市精英人士对传统民族文化的轻视甚至抛弃的态度。2019 年国家在景德镇设立的景德镇国家陶瓷传承与创新试验区，就是对中华优秀传统文化艺术的弘扬与彰显。随着近几年来国家对中华优秀传统文化传承与创新的重视与提倡，传统文化回归思潮正在形成，而其动向显然也是宋代景德镇青白瓷活态化传承与发展的决定性因素之一。

第十章
宋代景德镇青白瓷活态化传承与发展的可行性

第十章 宋代景德镇青白瓷活态化传承与发展的可行性

第一节 自然资源和产业资源丰厚

宋代景德镇青白瓷活态化传承与发展不可避免地需要使用各类资源，这里主要从自然资源及产业资源的角度探索资源可行性。

从自然资源角度来看，宋代景德镇青白瓷的呈现所需要的自然资源主要来自当地，这是由景德镇“水土宜陶”的优越自然环境所决定的。新时代要实施宋代景德镇青白瓷活态化生产，最好的方式当然是采用与景德镇青白瓷制作中相同的自然资源。但是，由于新时代距离宋代已经非常久远，自然资源条件已经发生了巨大的变化，要想利用相同的自然资源已经变得比较困难。下面具体地分析一下所需的自然资源条件。

宋代景德镇青白瓷制作中所使用的最主要的自然资源是瓷石矿，这是胎釉制作的必备原料，然而，早在南宋后期，瓷石矿中上层优质原料即已用尽，已经开始采用下层原料。景德镇地区原有瓷石矿经过上千年的开采，已经所剩不多，特别是在保护环境的大背景下，并不足以维持大规模生产活动，景德镇于2009年成为中国第二批资源枯竭型城市。因此，宋代景德镇青白瓷活态化传承与发展中，本土瓷石资源的缺少是必须解决的问题。虽然景德镇瓷石矿因消耗巨大而面临枯竭，但是景德镇广大的山区中遍布瓷石矿，开采潜力仍然巨大，浮南的坳岭、寿安的马龙塘、朱溪、宁村以及昌江区、乐平的一些村镇，瓷石矿储量依然巨大，而景德镇周边，如祁门、鄱阳等地也拥有丰富的瓷石矿藏。因此，虽然景德镇已经成为资源枯竭型城市，但瓷石资源实际是可以满足生产需求的。除瓷石资源以外，如果使用柴烧，那就需要使用大量松树，目前，景德镇森林覆盖率很高，拥有极丰富的松树资源，但是考虑到自然生态保护的问题，柴窑生产只能限制在较小的范围之内。采用气窑或电窑烧造青白瓷，釉色呈现虽与柴窑有一定差异，但大多数产品并非高仿品，因而满足活态化传承与发展生产的一般性需求应当是完全可行的。还有制备青白瓷釉料所需的草木灰原料狼棘草和石灰石，在景德镇地区产量很大，完全可以满足需求。综合起来说，自然资源基本可以满足宋代景德镇青白瓷活态化传承与发展需求。

从产业资源来看，景德镇自 20 世纪 90 年代复兴传统陶瓷手工艺以来，不断向前发展，进入新时代以后，体系更为完备与科学，而且景德镇市政府有关部门亦高度重视，建设了一批集聚陶瓷手工艺产业的园区，如陶溪川、三宝瓷谷、名坊园、锦绣昌南 · 中国瓷园、中国陶瓷城、新都民营陶瓷园、珠山东市等，另外还有一些自发形成的产业园区。并且，景德镇国家陶瓷文化传承创新试验区的建设，不但对原有产业园区进行进一步扩建和优化，还将建设一批新的产业园区，如依托景德镇陶瓷大学，在湘湖建立陶大小镇。这些陶瓷手工艺产业园区生产条件完备，形成了完整的产业链条，为宋代景德镇青白瓷活态化传承与发展提供了完备的产业资源条件与优越环境，无论是企业还是个人作坊，均能找到适合的产业园区进行活态化生产制作活动。

第二节　工艺和技术成熟

宋代景德镇青白瓷在数百年的发展中，形成了非常完善的工艺技术，这是宋代景德镇青白瓷兴起的根本保障。宋代景德镇青白瓷工艺技术延续到了元代，并保持着较为兴盛的发展。但在明代中后期，景德镇青白瓷出现了衰败的景象，一代名瓷的工艺技术几乎完全失传。不过，在清代雍正年间，唐英在管理景德镇御窑厂期间遍访历代名窑，使宋代青白瓷亦有幸得到复烧。此后，虽然景德镇青白瓷始终没有能够再次成为令人瞩目的名品，但其制作从未停止，作为传统景德镇高温颜色釉中的一个小类型而代代相传，从而使技术得以延续至今，为宋代景德镇青白瓷活态化传承与发展奠定了技术基础。

从技术的可行性来看，目前宋代景德镇青白瓷的技术不但没有失传，相反，还活跃着大量从事景德镇青白瓷制作的技术人员，其中的一部分成为景德镇非物质文化遗产传承人，这就使技术的传承得到保证。与宋代的口口相传相比，在现代研究手段下，宋代景德镇青白瓷得到了更好的科学研究与实验，其釉色呈现的原理得到了科学分析与阐释，从而能够使宋代景德镇青白瓷活态化传承与发展在先进的科技手段保障下，形成更为稳定的技术方法，使成品率更高。

宋代景德镇青白瓷活态化传承与发展的技术主要包括原料制备技术、釉料配制技术、成型技术、装烧技术、烧造技术等。

从原料制备技术来看，作为宋代景德镇青白瓷胎釉原料的瓷石，在开采以后，主要采取的是水碓借助水力粉碎的技术，而当代采用球磨机进行粉碎加工的技术，显然后者更为高效与稳定，颗粒也更为细密。

从釉料配制技术来看，青白瓷的釉料是一种非常传统的釉料，其配方一直得到延续，并且在现代陶瓷科研人员的实验分析下，宋代景德镇青白瓷釉料的各种化学成分、比例等均得到了清晰研究，因而，在釉料配制技术上，完全能够满足宋代景德镇青白瓷活态化传承与发展的需要。

从成型技术来看，青白瓷离不开造型载体，宋代时，主要采用的是手工拉坯成型的方法。从目前来看，在景德镇能够熟练进行手工拉坯的技术工人为数众多，完全能够满足宋代景德镇青白瓷活态化成型技术的需要。

从装烧技术来看，现代气窑、电窑密闭性强，污染物很少，可直接装烧，即使是采用传统的柴窑烧造，匣钵装烧的方法依然得到了很好的延续，因此，装烧技术亦非难题。

从烧造技术来看，气窑、电窑这些现代窑炉相较于传统柴窑，在窑炉温度、气氛的把握上要容易得多，把握得当的话，青白瓷品质直逼宋代原貌亦是有可能的。事实上，不少非柴窑烧造的青白瓷产品与作品能达到釉色如玉的效果。即使是采用传统柴窑，也有烧窑技术方面的传承人，如被誉为“最后一位把桩师傅”的柴窑把桩师傅胡家旺，他在 2012 年景德镇宋代龙窑青白瓷的复烧中功不可没，并培养了十几个徒弟，将这门技术传承了下去，因此，在烧造技术方面也同样具有可行性。

综上所述，宋代景德镇青白瓷活态化传承与发展所需的技术，通过历史传承和现代科技，是具有完全的可行性的。

第三节　审美潮流的契合

宋代景德镇青白瓷体现的是宋人独特的审美观念，是特定时期的产物，距离现在已经非常遥远。宋代景德镇青白瓷的活态化传承与发展，是对宋代审美观的传承与发展，那么，其在新时代社会审美背景下，是否具有可行性呢？下面从宋代审美的传承与发展角度来分析宋代景德镇青白瓷活态化传承与发展的可行性。

从宋代审美的传承角度来看，宋代以后，尽管不断地历经改朝换代，审美观念发生了巨大变化，但是宋人高洁清雅的审美观却始终得到后人的认可与追捧，直至今天，大多数人依然认同宋代是中国审美的最高峰，特别是绘画艺术方面，备受后人推崇。在陶瓷艺术中也同样如此，宋代以后，人们始终将宋瓷作为瓷器审美的最高典范，普遍认同的所谓“五大名窑”，也即汝窑、哥窑、官窑、钧窑、定窑，均出自宋代。宋代景德镇青白瓷虽未列入“五大名窑”，但在古陶瓷拍卖市场中，依然是受到藏家普遍追捧的热门收藏品之一。如今，在国家对民族优秀传统文化高度重视的时代背景下，“宋风”在景德镇陶瓷艺术创作中非常普遍，在各类陶瓷艺术形式中，雅致的“宋风”作品随处可见，充分体现出当代景德镇陶瓷艺术界对宋代审美的认同与热衷（图 10－1）。因此，宋代以后直至新时代，宋代审美观依然得到人们的普遍认可，宋代景德镇青白瓷活态化传承与发展中对宋代审美的传承，自然也就能够获得人们的广泛认同，并能够引起普遍的审美共鸣。在某种程度上来说，宋代景德镇青白瓷活态化传承与发展是对“宋风”审美潮流的契合，是顺应社会审美趣味的产物。

从宋代审美的发展角度来看，宋代景德镇青白瓷活态化传承与发展不仅是对宋代审美的传承，更是在宋代审美基础上的创新发展（图 10－2）。在传统审美基础上进行创新发展，可以说是当前景德镇陶瓷艺术发展的潮流。当前景德镇陶瓷艺术大致可以分为传统陶瓷艺术和现代陶瓷艺术两大类型，传统陶瓷艺术创作者已经普遍在传统审美的基础上进行创新发展，而现代陶瓷艺术创作者则在创新发展中努力挖掘传统审美元素。因此，宋代景德镇青白瓷活态化传承与发展中，制作者在传统审美基础上进行创新

图 10-1 《采莲》 黄胜

图 10-2 青白瓷陶艺 佚名

图 10-3 现代陶艺 佚名

发展，同样也是对新时代审美潮流的顺应与契合，能够得到社会大众的普遍接受（图 10–3）。

综上所述，宋代景德镇青白瓷活态化传承与发展中，无论是对宋代审美的传承，还是在传承基础上对宋代审美的创新发展，都符合当前社会审美潮流。因此，从审美上来看，宋代景德镇青白瓷活态化传承与发展也具有充分的可行性。

第四节　人才储备齐全

宋代景德镇青白瓷的呈现是宋代景德镇陶瓷工匠勤劳与智慧的结晶，这成千上万的宋代景德镇陶瓷工匠是宋代景德镇青白瓷的人才保障。宋代景德镇青白瓷活态化传承与发展不仅需要具有宋代工匠精神的陶瓷手工艺工人，同时还需要艺术设计人才、科研人才、教育人才、管理人才等高端人才。从人才构成来看，大致可以划分为现有人才、后备人才和引进人才三部分。

1. 现有人才。自清代雍正时期御窑厂仿烧青白瓷成功以后，青白釉即成为景德镇颜色釉大家庭的重要一员而得以延续，虽然并非景德镇颜色釉中引人瞩目的类型，但从现有人才来看，能够制作青白瓷的手工艺工作者并不少见。其中，既包括景德镇非物质文化遗产中的传统青白瓷技艺传承人，也包括一些非传承人，他们通过探索钻研而掌握了青白瓷制作技艺。除制作者以外，现有人才中还包括艺术设计人才、科研人才和管理人才。青白瓷的艺术设计并不需要专门的艺术设计师，景德镇拥有大量的陶瓷艺术设计专业人才，因而这方面人才也是能够满足需要的。景德镇高校和科研院所拥有我国最雄厚的陶瓷科研人才队伍，其中不乏对青白瓷制作工艺颇有研究的专家学者，因此，现有科研人才亦是比较充足的。管理人才方面，宋代景德镇青白瓷活态化传承与发展并不需要过多专门的管理人才，而景德镇陶瓷大学管理与经济学院每年培养出大量陶瓷企业管理人才，以满足现有管理人才的需求。

2. 后备人才。后备人才主要是指通过教育方式培养人才。一方面，景德镇青白瓷技艺传承人可以通过传统的师徒制教育方式培养传承人，虽然人数并不会多，但通过言传身教，能够做到少而精；另一方面，景德镇陶瓷大学、景德镇学院等景德镇地方高校培养大量的各类人才，其教育方式虽然是普及型的，但由于这些高校普遍非常重视学生的实践能力，因此其能够为宋代景德镇青白瓷活态化传承与发展源源不断地输送理论与实践相结合的高端后备人才。

3. 引进人才。引进人才指的是引入景德镇以外的人才。宋代青白瓷产区并非景德镇独家，南方其他窑口亦有，并且一部分窑口亦有人才从事活态化传承与发展研究活动。虽然景德镇以外的地区掌握青白瓷制作技艺的人才远没有景德镇多，但在技艺方法上可能有所不同，引进人才能够与景德镇地区人才交流与碰撞。此外，宋代景德镇青白瓷活态化传承与发展不仅需要直接掌握青白瓷制作的人才，也需要艺术设计、科研、管理等人才，这类人才在景德镇以外显然是非常多的，其中也包括一些从景德镇走出去的人才，景德镇专门设立的景漂景归服务局即是为引进人才而服务的，因而，引进人才方面亦是完全可行的。

综上所述，无论是从现有人才、后备人才，还是从引进人才等各方面来看，宋代景德镇青白瓷活态化传承与发展在人才方面都是具备可行性的。

第五节 市场潜能较大

宋代景德镇青白瓷活态化传承与发展活动既是一种文化活动，也是一种经济活动，能够为社会创造经济价值。因此，探讨宋代景德镇青白瓷活态化传承与发展，还需要从经济角度分析其可行性。以下主要从生产、销售两个方面分析经济可行性。

1. 从生产方面来说，宋代景德镇青白瓷活态化传承与发展停留于理论研究和科学实验上是毫无意义的，必须将理论与实验成果转换为实际的生产，制造出活态化产品，这样才能产生经济效益，服务于大众，满足人们的需求。宋代景德镇青白瓷活态化的生产活动是一种手工业生产活动，开展生产需要具备基本的生产条件。具体来说，组织生产需要具备材料、设备、场所、技术、资金、人工等许多基本条件。

生产材料方面，景德镇拥有非常完备的手工业生产体系，有专门的企业及作坊生产陶瓷产品所需的材料。宋代景德镇青白瓷活态化所需的制胎、制釉材料均可以在市场上购买到，即使是已配制好的青白釉料成品也能购买到，当然，生产者自行配釉才能体现出产品的个性特色；生产设备方面，宋代景德镇青白瓷活态化所需的设备，与其他手工制瓷所需的设备并没有什么差异，这些设备同样能够在市场中轻松购买；生产场所方面，景德镇城乡各处分布着许多陶瓷产业集中的地区，既包括政府有关部门支持下建设的大型陶瓷产业园区，也包括一些自发形成的陶瓷产业区，寻找到合适的场所也绝非难事；从生产技术来看，景德镇拥有一批掌握青白瓷生产技术的技师、艺术家与科研人员，完全能够解决生产技术问题；生产资金方面，宋代景德镇青白瓷活态化传承与发展具有较高的文化附加值，投资小而收益高，并不需要投入大量资金；生产人工方面，景德镇拥有一批青白瓷生产人才，同时也可以通过对新招收员工进行培训的方式使之掌握青白瓷生产技术。因而，从生产上来说，宋代景德镇青白瓷活态化传承与发展具备了充分的可行性。

2. 从销售方面来看，虽然近几年来景德镇陶瓷市场总体上趋冷，但是真正优秀的陶瓷产品，特别是陶瓷文化产品，依然在市场上表现抢眼，并取得良好的销售业绩。因此，宋代景德镇青白瓷活态化产品作为陶瓷文化产品，只要在工艺、审美、文化等各方面均达到优质，并不需要担心产品销售问题。并且，景德镇国家陶瓷文化传承创新试验区的建设正在积极开展之中，在试验区的实施方案中，提出了打造“国家陶瓷文化保护传承创新基地”“世界著名陶瓷文化旅游目的地”“国际陶瓷文化交流合作交易中心”的战略目标，因此，在国家项目的带动下，景德镇陶瓷市场必然逐渐复苏并复兴，作为陶瓷文化产品的宋代景德镇青白瓷活态化产品的销售前景是乐观的。因此，无论在生产方面，还是在销售方面，宋代景德镇青白瓷活态化传承与发展都具备充分的可行性。

第十一章
宋代景德镇青白瓷活态化传承与发展面临的问题

第十一章　宋代景德镇青白瓷活态化传承与发展面临的问题

第一节　审美理念参差不齐

宋代景德镇青白瓷活态化传承与发展面临的最主要问题是审美理念问题，活态化传承与发展工作者只有在理念上深入认知与理解其审美思想内涵，才能在活态化传承与发展工作中，使活态化产品充分呈现出宋代审美底蕴，同时也具有现代审美思想，而大众也只有从审美理念上理解了活态化产品，才能够真正认知并接受产品。然而，从目前来看，在审美理念方面，无论是参与其中的工作者还是广大民众，都存在着一些问题。

宋代景德镇青白瓷活态化传承与发展所体现的宋代审美理念，是集当时的儒家、道教、佛教、理学等多种美学与哲学思想于一身，并从中折射出充满文人意趣的雅文化气息。就目前活态化传承与发展工作者来说，无论是对于民间传承者，还是对于学院派研究实践者，要真正理解宋代景德镇青白瓷所蕴含的丰富的传统美学思想，都是一件非常困难的事情。虽然有一部分人具有较好的古典美学素养，能够理解宋代审美理念，但大多数人并不能够真正深入研究，而不能够深刻理解就有可能导致单纯地追求产品的审美形式而无法呈现其中所蕴含的审美理念。同时，活态化产品不只是传承宋代审美理念，还需要在传承基础上融入现代审美理念，而将宋代审美理念与现代审美理念完美地融合为有机整体，也是不容易达到的，多数工作者没法从细节上理解宋代青白瓷，更不能达到理解宋代青白瓷审美精髓的水平。有的工作者单纯地仿古，通过完整的仿古工艺来再现宋代审美理念，这无可厚非，也是非常必要的工作，只是其中少数观念不纯者，企图以仿充真；还有的工作者在产品或作品中创新步伐过大，抛弃了传统而成为纯粹的现代观念产品。因此，从整体来看，活态化传承与发展工作者在审美理念上还存在着素养参差不齐、创新不足或创新过度等问题。

人们使用陶瓷普遍是追求实用，好用是第一原则，既好用又好看的器物被认为是最好的。但是为什么好看，很多人说不上来。宋代审美理念属于一种高雅的审美理念，只有喜爱并理解古典文人文化的人群才能够理解宋代景德镇青白瓷活态化产品中所蕴含的审美理念，大多数民众是难以理解的，这也就决定了宋代景德镇活态化产品是一个小众化的产品，所面向的是具有较高古典审美品位的精英化群体。而这部分人群在中国民众中所占的比例并不高，大多数民众倾向于欣赏五颜六色的华丽彩瓷或颜色釉瓷，对于这种素雅淡泊的瓷器种类，能欣赏者并不多，这就直接导致宋代景德镇活态化产品只能面向小部分人群进行销售，市场空间较为狭窄，而市场发展空间的狭窄必然导致参与者减少，使制作水平不易得到提高，显然这也是制约其发展的重要因素之一。

第二节　资源的短缺与断层

宋代景德镇活态化传承与发展工作的开展需要得到各种资源支持，虽然从总体上来说，其所需要的各种资源都是充足而可行的，但其中仍然存在着不少问题需要解决。

1. 自然资源问题。景德镇正在如火如荼地开展“双创双修”活动，对生态环境和自然资源的保护与建设力度不断加大，无论是可再生的森林资源，还是不可再生的矿产资源，保护工作都得到越来越高的重视。在这种情况下，获取自然资源进行宋代景德镇青白瓷活态化传承与发展工作必然遭遇到与自然资源保护之间的矛盾。在这种情况下，活态化传承与发展工作所需的各类自然资源往往并不能如宋代一样就地取材，多数情况下需要寻求替代品，如将燃料松柴替换为天然气、电力，以外地瓷石矿替代本土瓷石矿等，这自然使釉色品质上产生一定差异，使得复原和传承工作与初衷背离，对活态化传承与发展造成一定影响。

2. 人才资源问题。目前景德镇可以说是陶瓷人才济济，但对宋代景德镇活态化传承与发展工作来说，还存在着一定的人才资源隐忧。在民间的传承上，由于投入大且工作烦琐，看不到长期的经济效益，甚至无法养家糊口，越来越多的年轻人不愿意从事传统民间手工艺活动，景德镇青白瓷技艺民间传承人面临着一定的传承困难，难以寻找到优秀年轻人才学习传承。从高校人才培育来看，高校虽然拥有大量高素质应用型人才，但并不存在专门的青白瓷人才培养，专攻青白瓷的人才很少，需要通过自身努力才能成为青白瓷专业人才，这也使得宋代景德镇青白瓷活态化传承与发展的现有与后备人才资源并不充足。

3. 技术资源问题。宋代景德镇青白瓷活态化产品制作技术的差异会使产品品质产生很大的差异。技术的差异一方面是由于部分工作者本身技术素质的欠缺与不成熟，另一因素则是知识产权。一些核心的技术成果，优秀制作者是不可能随意告知他人的，特别是拥有知识产权的技术专利。由于得到的技术资源支持完全不同，就导致宋代景德镇青白瓷活态化产品在技术上差异显著，而其中技术粗劣的产品必然会影响到整个行业的声誉。当然，市场上如果有技术成熟、造型新颖、传承到位的青白瓷产品，将会带动他人对技术资源的重视，从而引起行业的变革。

4. 经济资源问题。景德镇城市经济近年来虽然得到较大提升，但在经济总量上仍处于省内落后水平，而江西省在全国又属于经济较为落后省份；近年来，陶瓷市场趋于冷淡，特别是青白瓷这种小众审美的陶瓷，不属于投资热点，因此，宋代景德镇青白瓷活态化传承与发展所能够获得的经济资源是有限的。当然，随着景德镇国家陶瓷文化传承创新试验区的建设，经济资源问题将会得到缓解，但从目前来看，可分配的专项支持资金有限，仍处于经济支持较少的状态。民间投入青白瓷的创新上的资金更少。这些问题使宋代景德镇青白瓷活态化传承与发展面临着一定的经济困难。

第三节 科学研究层次不高

宋代景德镇陶瓷工匠在青白瓷制作中，制作和烧造凭借的是实践经验，他们通过无数次的实践来积累生产制作经验，但对于其中所包含的原理并不知晓。宋代景德镇青白瓷的呈现不能仅通过实践经验来完成，而需要借助于科学研究，其中既包括科学实验，也包括理论研究。从总体上来说，当代对于宋代景德镇青白瓷的科学研究还是比较丰富的，有的研究通过科学实验来分析胎釉材料的组成和釉色形成的原理，有的研究则从美学、哲学角度来分析其审美形式与观念的形成，可以说已经形成了较为完善的科学研究体系，成果喜人，然而宋代景德镇青白瓷活态化传承与发展的科学研究并不仅限于考古性的科学研究，它还应当涉及新时代如何活态化传承与发展的科学研究，然而就目前而言，相关的科学研究存在着一些问题。

1. 重视程度不足。就目前而言，涉及宋代景德镇青白瓷的相关科学研究较多，但直接涉及宋代景德镇青白瓷活态化传承与发展的科学研究却很少，研究仅是局限于静态，缺少动态化的当下研究。究其原因，主要是科学研究界对活态化传承与发展工作的认知不足，忽视了活态化传承与发展工作的价值，在科学研究方面厚古薄今。

2. 成果缺乏转换。宋代景德镇青白瓷活态化传承与发展相关的科学研究成果是比较多的，但是缺乏相应的成果转换机制。大多数研究成果并没有有效地与宋代景德镇青白瓷活态化传承与发展工作紧密联系起来，活态化传承与发展工作者对这些成果的利用率比较低，利用率不高在某种程度上可以说是科学研究资源的浪费。

3. 科学研究水平参差不齐。在大量宋代景德镇青白瓷相关的科学研究成果当中，多数研究的层次并不深，只停留于表面，导致研究水平参差不齐。不少研究仅仅是为评职称或课题结项而草率为之的成果，大多并不具备实用性，真正有价值的科学研究成果并不多，对宋代景德镇青白瓷活态化传承与发展的帮助并不大。

第四节　产品质量提升缓慢

宋代景德镇青白瓷活态化产品应当忠实再现其精神内涵并发展其形态和质量，然而，就目前的活态化产品来看，在产品质量上呈现出显著的参差不齐的问题。虽然在市场中不乏优质的宋代景德镇青白瓷活态化产品，但更多的产品却不尽如人意，严格地说，不能算真正意义上的活态化产品，对整个产业的发展造成严重影响。宋代景德镇青白瓷活态化产品质量主要有以下几个问题。

1. 工艺质量问题。一方面，一些宋代景德镇青白瓷活态化产品采取的并非手工或半手工制作，而是采取非手工劳动方式，如坯体采用注浆坯胎而非拉坯成型，釉料中未采取传统釉灰，施釉采取机械施釉，纹饰采取机器印花，等等。采用机械等现代化手段制作本无可厚非，但如果作为活态化产品显然是有悖原则的。另一方面，一些活态化传承与发展工作者因缺乏工艺技术，即使采用了手工方法，但工艺原料、技法手段不过关，同样也使得产品出现工艺质量问题。

2. 艺术质量问题。一方面，一些宋代景德镇青白瓷活态化产品无法复现宋代艺术神韵，甚至与之相距甚远，造成审美品位低下；另一方面，一些活态化产品过于追求现代性而忽视了传承，从而在艺术性上与宋代审美脱节，也就失去了活态化传承与发展的价值。

3. 造假制假问题。一些宋代景德镇青白瓷活态化产品制作者的制作不是为了陶瓷非物质文化遗产更好地传承和发展，而是为了以假乱真，于是在工艺手段上加入了做旧工艺，有意在釉面上进行腐蚀、磨损，企图用活态化产品冒充宋瓷真品，尽管有的也进行一定的创新，但创新的目的仅仅是制造假的宋代景德镇青白瓷，这样的行为属于造假制假，产品也不是真正意义上的活态化产品。

第五节　组织管理分散和非专业

任何一件事情要做好，都需要高效的组织管理。从目前来看，宋代景德镇青白瓷活态化传承与发展事业在组织管理方面，只有分散的管理，还缺乏有效的组织和集中的管理，因而，在组织管理方面显然也是存在一定问题的。宋代景德镇青白瓷活态化传承与发展在组织管理方面主要存在着以下几个问题。

1. 缺乏集中性的组织管理。从目前来看，各个宋代景德镇青白瓷活态化传承与发展的参与者，包括企业、个人，以及科研机构等，并没有一个组织来进行统一而集中的管理。所以，从整个发展状况来看，宋代景德镇青白瓷活态化传承与发展事业犹如一盘散沙，参与者各行其是、各自为政，形成一个个独立的管理体系，这种状态不利于资源整合，也无法形成一个统一的发展战略与格局，使整个发展缺乏方向性，不利于整体发展水平的提升。

2. 缺乏专业性的组织监管。由于没有相应的专业机构对宋代景德镇青白瓷活态化传承与发展工作进行统一管理，也就没有专门针对这一领域的相关行业规范、标准、制度等。也就是说，从专业角度来看，宋代景德镇青白瓷活态化传承与发展工作缺乏专业性的组织与监管，没有准入门槛，任何企业、机构和个人均可以开展宋代景德镇青白瓷活态化传承与发展活动，从事相关的生产与创作，既得不到专业性组织的指导，也没有专业性组织进行有效的监管，产品和作品缺乏统一的专业性产品标准。

3. 条块分割式的组织管理。宋代景德镇青白瓷活态化传承与发展事业涉及陶瓷艺术、陶瓷工艺、陶瓷非物质文化遗产、陶瓷文化创意产业、陶瓷文化旅游等多个领域，这是造成组织管理出现问题的主要原因之一。相关领域中的行业组织对本领域都负有一定的组织管理职责，但是由于各部门之间形成的条块分割，无法形成一个合力进行统一管理，从而使得这部分管理实际上处于缺失或自发管理状态。

第六节　遗产保护力度薄弱

在现存景德镇瓷业历史遗存中，宋代窑址显然是分布最为广泛的，并留下了巨量的传世作品，是景德镇一笔宝贵的历史文化遗产。宋代景德镇青白瓷活态化传承与发展在很大程度上依托于这些文化遗产，然而，从宋代景德镇青白瓷遗存的保护工作来看，虽然总体上来说越来越得到有关部门的重视，但是仍然存在着一些显著的问题，在一定程度上影响了宋代景德镇青白瓷活态化传承与发展。宋代景德镇青白瓷遗产保护主要存在以下几个问题。

1. 窑址保护力度不够。从景德镇陶瓷历史发展史来看，明清时期景德镇在世界瓷业中独占鳌头，特别是御窑厂及其所生产的官窑瓷，成为景德镇瓷业繁荣与水平卓越的标志，因而，人们更关注的是明清时期的窑址，特别是御窑厂的遗址。目前，御窑厂遗址的保护力度正不断加大，政府着力打造御窑厂遗址公园，但民窑的保护力度则显著偏弱。宋代景德镇青白瓷窑址均为民窑遗址，但绝大多数窑址并没有受到有力保护，许多窑址遭受严重盗挖，还有许多窑址在道路、房地产、工业园等建设活动中销声匿迹，破坏程度非常严重。

2. 藏品分散。宋代时，景德镇作为青白瓷的产地，绝大多数精品销往了国内及世界各地，遗存在景德镇的传世精品非常稀少。窑业遗存中的青白瓷，不乏精美者，但绝大多数是残次品。因此，从藏品情况来看，大量宋代景德镇青白瓷精品分散藏于景德镇以外的各级博物馆中，特别是故宫博物院、上海博物馆，以及国外的一些博物馆。宋代景德镇青白瓷传世藏品分布过于分散，为研究与探索活态化传承与发展造成了一定困难。

3. 保护意识淡薄。宋代景德镇青白瓷窑址正在遭受严重破坏，并没有引起人们的广泛关注，人们对宋代景德镇青白瓷窑址保护意识的淡薄，使宋代景德镇青白瓷窑址受破坏的情况不断严重，大量珍贵的标本在没有得到研究分析的情况下即被毁掉，非常不利于活态化传承与发展工作的深入开展。

第七节　国际交流狭隘与式微

近年来，景德镇陶瓷文化正日益朝着国际化的方向发展，积极与世界对话，国际交流日趋频繁与广泛。不过，从国际交流所涉及的领域来看，其在景德镇传统领域主要涉及的是元、明、清时期的彩瓷，特别是外销欧洲的彩瓷，而宋代青白瓷则是极少被涉及的领域。因而，从国际交流来看，也存在着一些不利于宋代景德镇青白瓷活态化传承与发展的问题，主要有以下几个方面。

1. 国际学术交流方面。近年来，景德镇加大了陶瓷文化的国际学术交流，不断有一些国外的专家学者前来景德镇共同研讨景德镇传统陶瓷文化艺术。在国际学术交流中，明清时期的欧洲外销彩瓷是重点，也是国外专家学者最感兴趣的部分，这与明清景德镇彩瓷曾经在欧洲产生了巨大影响有关。而宋代景德镇青白瓷在历史上几乎对欧美国家没有产生任何影响，这也就导致了西方国家在青白瓷学术研究上几近空白，无法与景德镇展开相关国际交流。即使是亚洲国家，与景德镇国际学术交流的重点也同样是明清彩瓷。

2. 国际经贸交流方面。同样由于世界各国对景德镇明清彩瓷的浓厚兴趣与深入了解，使景德镇长期以来与世界各国开展的国际经贸交流中，明清彩瓷的仿制品或明清彩瓷的活态化产品成了最主要的品种，而宋代景德镇青白瓷的仿制品与活态化产品所占比重则非常小，在景德镇陶瓷国际经贸交流中属于微不足道的小品种。国际市场的缺失，对宋代景德镇青白瓷活态化传承与发展的国际交流造成了不利影响。

3. 国际文化交流方面。宋代景德镇青白瓷具有东方美学含蓄内敛的特征，而由于文化上的隔阂，世界大多数国家并不能理解其中的文化品位，只有日本、韩国等少数与中国文化同源的国家能够深入理解其中所包含的文化内涵，这就使得有关宋代景德镇青白瓷文化的国际交流，发展空间有限。

第十二章 宋代景德镇青白瓷活态化传承与发展的原则

第十二章　宋代景德镇青白瓷活态化传承与发展的原则

宋代景德镇青白瓷活态化传承与发展的根本目的在于以活态化的方式传承与发展宋代景德镇青白瓷。传承是基础，是活态化赖以存在的根基，发展则是目的，旨在使宋代景德镇青白瓷在新的时代形成新的价值，以利于非物质文化遗产的当代生存。因此，宋代景德镇青白瓷活态化传承与发展必须紧紧围绕传承与创新这两个方面，遵循必要的原则。

第一节　本体原真性

宋代景德镇青白瓷活态化传承与发展应当遵循原真性原则，这是因为，活态化传承与发展的宋代景德镇青白瓷，其本质上属于活态化的非物质文化遗产，如果失去了原真性，那么也就不能称其为活态化的非物质文化遗产。故而，原真性原则是宋代景德镇青白瓷活态化传承与发展的首要原则，是关系到宋代景德镇青白瓷是否能够传承的重要问题。

原真性也即原样性和真实性，在宋代景德镇青白瓷活态化传承与发展中的原真性原则主要包括以下三个方面的内涵。

1. 原样性。原样性指的是宋代景德镇青白瓷活态化传承与发展应当能够体现出宋代景德镇青白瓷的原样，使人能够直观地感受到宋代景德镇青白瓷的釉色之美，体会宋人的审美精神与哲学思想（图 12-1）。

图 12–1 《仿宋执壶》 饶玉陶瓷

2. 真实性。真实性指的是宋代景德镇青白瓷活态化传承与发展所依据的应当是实物或文献，也就是说在进行活态化传承与发展工作时，应当依据实物，主要是流传至今的宋代景德镇青白瓷传世精品、相关的真实可靠的文献记录等，从而保证活态化产品的真实可靠，而非凭空杜撰或臆想。

3. 差异性。差异性指的是宋代景德镇青白瓷活态化传承与发展的原真性并非单一的或唯一的。这是因为，宋代景德镇青白瓷历经数百年发展，釉色并非单一不变，不同时期的釉色是有显著差异的，因此，活态化传承与发展产品在釉色体现原真性原则时允许存在差异性。

当然，原真不是要求活态化传承原样照搬，而是要取其精华，找准其能打动人心的部分，在视觉效果和精神内涵上存在符号化识别的细节，让欣赏者感受宋代青白瓷的精髓。

第二节 要素的完整性

宋代景德镇青白瓷是由多种元素构成的完整体系，其元素构成不是单纯的青白瓷造型，还涉及胎釉原料、胎体品质、成型工艺、装饰工艺、装烧工艺和烧成方法，以及审美理念、哲学思想等各种构成元素，是一个以青白瓷造型、釉色元素为核心的相互联系的整体。因此，宋代景德镇青白瓷活态化传承与发展不单单是将造型、釉色元素进行活态化，还应当遵循完整性原则，活态化以青白瓷造型、釉色元素为核心的相互联系的完整体系。

宋代景德镇青白瓷活态化传承与发展的完整性原则主要包括三方面内涵。

1. 要素完整。要素完整指的是宋代景德镇青白瓷的各个要素在活态化产品中均能得到体现，包括工艺材料、技术、流程，以及审美形式、思想内涵等各个方面要素，达到完整或者是基本完整，不能缺失重要的元素。如釉色为青白釉，但胎体却并非青白瓷胎，或无法体现出具有宋代韵味的审美特色，这种活态化不能称得上是完整的活态化。

2. 环境完整。这是一种更高层次和更高要求的完整性原则，指的是宋代景德镇青白瓷活态化传承与发展不仅保持其自身的要素完整，其周边环境也能做到完整性，即周边的设施、建筑、地貌，以及人文景观等也能够保持宋代风情。当然，这种完整性原则，一般的活态化传承与发展活动是很难达到的。

3. 评价完整。评价完整指的是在进行宋代景德镇青白瓷活态化传承与发展活动时，应注意完整地收集与征询各方面的评价，既包括业内权威专家学者的评价，也包括普通消费者、游客等的社会评价。通过完整地归纳分析各方评价反馈，得到公允客观的意见与建议，发挥优势、改正问题，从而推动与促进活态化传承与发展活动不断向前。

第三节　专指地域性

宋代景德镇青白瓷的活态化传承与发展在地域上是有特指的，专指景德镇地域。宋代时期，除景德镇以外，在南方的一些地区还活跃着其他青白瓷产地，其所产青白瓷也各具特点，但宋代景德镇青白瓷的活态化传承与发展并不涉及景德镇以外的青白瓷，应当遵循地域性原则。

宋代景德镇青白瓷活态化传承与发展的地域性原则的内涵主要包含以下几方面内容。

1. 历史地域性。宋代景德镇青白瓷活态化传承与发展的地域性原则从历史的角度来讲，指的是宋代这一特定历史时期的景德镇，其范围包含今天的景德镇市珠山区、昌江区、浮梁县，不涉及宋代其他地区的青白瓷窑址，其青白瓷有强烈的地域特色，这是宋代景德镇青白瓷活态化传承与发展专指地域性原则的基本含义。

2. 当下地域性。宋代景德镇青白瓷活态化传承与发展的地域性原则从当下的角度来讲，主要也是指景德镇市范围内的活态化传承与发展活动，但与历史地域性严格限制于景德镇有所不同，它也可以是景德镇地域以外的活态化传承与发展活动，其他地域如果有能力进行宋代景德镇青白瓷活态化传承与发展活动也是可以的，并不影响地域性的基本原则。当然，从当下来看，宋代景德镇青白瓷活态化传承与发展活动显然更多是在景德镇范围内进行的，并没有涉及其他地区。

3. 强调地域性，但不妨碍合作与交流。宋代景德镇青白瓷活态化传承与发展固然是围绕景德镇这一特定地域所开展的活动，但并不妨碍其他地域的参与与互动。这是因为宋代自古即是一个工匠聚集的地方，宋代景德镇青白瓷的形成是各地工匠智慧与汗水的结晶。因此，宋代景德镇青白瓷活态化传承与发展也可以，并且应当与各地开展积极合作与交流，共同促进活态化传承与发展事业的繁荣。

第四节　动态延续性

延续性，通俗来说即是延续不断发展的意思，宋代景德镇青白瓷的活态化传承与发展是相对于静态化而言的。静态化指的是历史上的宋代景德镇青白瓷，它已经凝固于历史文物当中，也即凝固于宋代景德镇青白瓷传世品即相关文物、文献当中，而活态化则是将静态化的宋代景德镇青白瓷以一种鲜活的方式在当下加以呈现，继续出现在人们的日常生活当中（图12-2）。由此可知，这种活态化是建立在静态化基础之上的，是静态化的一种延续，因此，延续性也是宋代景德镇青白瓷活态化传承与发展非常重要的原则之一。

宋代景德镇青白瓷活态化传承与发展延续性原则主要包含以下两方面含义。

1. 历史的延续性。宋代景德镇青白瓷在进入元代以后仍然得到很好的延续，其中的许多传世青白瓷精品不输于宋代青白瓷之美，甚至有不少精品曾被认为是属于宋代。元代之后，青白瓷才逐渐衰败。清代雍正年间，在唐英的管理下，依据湘湖宋代窑址的青白瓷片，景德镇御窑厂复烧了宋代青白瓷，也可以说是宋代景德镇青白瓷活态化传承与发展活动，使得宋

图 12-2　《摇曳》　解晓明

代青白瓷技艺得以延续至今。由此可见，宋代景德镇青白瓷活态化传承与发展是具有历史延续性的，而这也是活态化传承与发展的重要原则。

2. 审美的延续性。宋代景德镇青白瓷树立了景德镇青白瓷的典范和标杆，所以宋代是青白瓷的一个巅峰时期。因而，宋代景德镇青白瓷活态化传承与发展也必然会以宋代景德镇青白瓷为标准，延续其审美特色。审美的延续既包括形式的延续，也包括其中所蕴含的审美思想的延续。

第五节　手工匠心性

宋代景德镇青白瓷的呈现是在当时手工业条件下实现的。景德镇虽然早在新中国成立初期即已建立以现代陶瓷机器生产为特征的现代陶瓷产业系统，但是在宋代景德镇青白瓷活态化传承与发展中，因为青白瓷的特殊性，仍应当遵循手工性的原则，尽量采取手工或半手工的方式进行活态化传承与发展制作活动（图 12-3）。

之所以宋代景德镇青白瓷活态化传承与发展仍需要遵循手工性的原则，首先在于宋代景德镇青白瓷活态化传承与发展的本质目的在于振兴传统制瓷手工艺，如果主要采取机械方式而非手工创造，其活态化传承与发展的目的也就无法达到了。其次在于宋代景德镇青白瓷活态化传承与发展主要采用手工方式可以充分体现景德镇当前的瓷业特色，发挥景德镇瓷业优势（图 12-4）。20 世纪末景德镇国有陶瓷生产体系崩溃以后，制瓷手工业撑起了景德镇陶瓷行业的一片天，成为当前景德镇陶瓷产业中最具魅力和优势的部分，因此宋代景德镇青白瓷活态化传承与发展主要采用手工方式，能够扬长避短，发挥优势。最后，宋代景德镇青白瓷活态化传承与发展也只有主要采取手工方式才能真正达到复原和再现宋代景德镇青白瓷之美的目的，

图 12-3　景德镇青白瓷盖罐　北宋

图 12-4　景德镇青白瓷四系盘口罐　北宋

体现出大国工匠精神，并使活态化产品具有机械化大生产所不具备的文化附加值。

手工性既是宋代景德镇青白瓷活态化传承与发展的重要特点，也是宋代景德镇青白瓷活态化传承与发展的重要原则之一，是决定其是否仍属于非物质文化遗产和传统手工技艺的关键因素，缺之不可。

第六节　品质先进性

宋代景德镇青白瓷产生的年代虽然距今历史久远，而且还处于生产力落后的封建时代，但是我们不能因此而持蔑视态度，将活态化传承与发展视为落后时代风貌的再现。实际上，新时代的陶瓷工作者应当将宋代景德镇青白瓷活态化传承与发展作为一种具有先进性的工作来从事，坚决遵循先进性的原则。

宋代景德镇青白瓷活态化传承与发展的先进性原则主要包括以下几点含义。

1. 追求产品的先进卓越。宋代景德镇青白瓷活态化传承与发展工作者应当坚守工匠精神，厚植工匠文化，专注坚守，努力追求活态化产品的先进卓越。活态化产品的先进卓越体现在各个方面，包括工艺材料、技术手段、审美形式与风格、所蕴含的思想理念等，以真实再现与发展宋代景德镇青白瓷为目标，坚决杜绝粗制滥造。

2. 树立先进的质量意识。宋代景德镇青白瓷活态化传承与发展是一项具有重要意义的工作，参与其中的企业及个人都应当树立先进的质量意识，努力推动品质革新，加强品牌建设，从而推进整个产业发展，并提升到先进水平。而先进质量意识的树立取决于人才，要求参与其中的人才都应当树立质量与品牌意识，创优争先，多出精品。

3. 先进的市场表现。宋代景德镇青白瓷活态化产品还应当具有先进的市场表现，如果不受市场欢迎，也就意味着没有受到人民群众的喜爱，也就无法更好服务于人民群众。因此，宋代景德镇青白瓷活态化传承与发展还应当努力开拓市场，取得先进的市场表现，成为真正对人民有用的产品，而不是被人束之高阁。

第七节　审美多样性

2001 年 11 月联合国教科文组织大会第 31 届会议通过了《世界文化多样性宣言》，这是世界上第一份正式确立文化多样性概念并提出保护和促进文化多样性的国际性文件。作为文化形式的一种类型，宋代景德镇青白瓷活态化传承与发展也必须遵循多样性原则，多样性应当贯穿于整个活态化传承与发展工作当中，保证宋代景德镇青白瓷活态化传承与发展的多样性发展（图 12-5）。

宋代景德镇青白瓷活态化传承与发展的多样性原则主要表现在以下几个方面。

1. 工艺技术的多样性。宋代景德镇青白瓷活态化传承与发展的目标是传承与发展宋代景德镇青白瓷的釉色之美，但所采取的工艺技术手段并不能强求一致。工艺材料方面，并不一定强求采用景德镇本土所产的瓷石材料，与景德镇瓷石材料特性相近的材料也可以作为胎釉材料来使用；工艺配方方面，也不需要采用一致的配方，允许因工艺配方的不同而产生多样性的

图 12-5 《唐人诗意》之一 解晓明

釉色。如果工艺技术强求一致性和单一性，将会阻碍宋代景德镇青白瓷活态化传承与发展的繁荣。

2. 审美思想的多样性。宋代景德镇青白瓷体现的是宋代的审美思想，但宋代的审美思想非常多样化，包含了儒家、道家、佛教、理学等思想内涵，因而在宋代景德镇青白瓷活态化传承与发展中，所体现出来的审美思想应当是丰富多彩的，而不是单一性的，实际上，也无法做到单一性（图12-6、图12-7）。同时，宋代景德镇青白瓷活态化传承与发展还需要结合现代审美，以契合时代审美精神。因此，宋代景德镇青白瓷活态化传承与发展的审美思想也应当是多样性的，而不能强求呈现一致的审美风格面貌。

图 12-6　《佛像》　饶玉陶瓷

图 12-7　《佛像》　饶玉陶瓷

第八节　自然环保性

宋代景德镇青白瓷的呈现是以当时丰富而优越的自然资源为基础的，宋人虽然具有“天人合一”的朴素自然观，但还没有形成真正意义上的自然环境保护意识。而在当下，在经济发展中注重环境保护，早已成为一种共识，正如习近平总书记提出的“绿水青山就是金山银山”的理念，要求在经济活动中注重节约自然资源、保护环境。因此，宋代景德镇青白瓷活态化传承与发展作为一种生产性活动，必须遵循环保性的原则，在进行活态化传承与发展生产活动时，必须合理利用和节约自然资源，以保护生态环境。

持续上千年的瓷业生产在创造了景德镇千年辉煌瓷业史的同时，也消耗了巨量的自然资源。因瓷土资源损耗和自然环境受到破坏，2009 年景德镇市被列入我国第二批资源枯竭型城市。2017 年 4 月，景德镇被列入全国第二批生态修复城市修补的试点城市，自然环境保护成为景德镇发展的首要任务之一。在这种背景下，当下开展宋代景德镇青白瓷活态化传承与发展工作，必须符合于景德镇的发展大局，以保护自然环境为职责，在利用自然资源时必须做到合理利用，切不可私自滥用天然资源，特别是不可再生的资源。

宋代景德镇青白瓷的活态化传承与发展，不可避免地会利用自然资源，同时也可能对自然环境形成一定影响。因此，宋代景德镇青白瓷活态化传承与发展工作，在利用自然资源时必须做到合理与节约，努力增加产品的附加值，注重独创性，增强精品意识，绝不能进行大规模的廉价复制。同时，尽量采用环境友好型材料，减少生产过程中污染物的排放并进行无害化处理，尽力保护自然环境。

第九节　产业经济化

习近平总书记所提出的“两山”理论，既强调了经济活动需要注重环境保护，同时也强调了发展经济。宋代景德镇青白瓷的活态化传承与发展既要遵循环保性的原则，但同时也需要产生一定的经济效益，有利于国民经济的发展和人民生活水平的提高，因而，还必须遵循经济性原则。

宋代景德镇青白瓷活态化传承与发展的经济性原则主要包括以下几个方面。

1. 有利于景德镇陶瓷产业的发展，提升产品附加值，增加陶瓷产值。2012 年以后，中国逐渐进入经济新常态，依靠粗放式生产的传统经济面临发展危机，经济转型势在必行。景德镇陶瓷产业在进入经济新常态以后也同样受到严重影响，遭遇经济寒冬，转型发展才是唯一出路。宋代景德镇青白瓷的活态化传承与发展也面临转型，不能一味地仿制和复制，须不断努力提升审美特性，增强其文化附加值，创造经济效益，为景德镇陶瓷产业的复兴作出贡献。

2. 促进就业。近年来景德镇陶瓷经济的不景气，导致许多与陶瓷相关的企业、店铺、作坊等难以为继，造成许多陶瓷行业人员失业或转行，当地高校陶瓷相关专业毕业生就业困难，创业受到一定影响。在严峻的就业形势下，宋代景德镇青白瓷的活态化传承与发展以手工劳动为主，带来新的就业、创业增长点。在坚持环保的前提下，可适当扩大产业规模，缓解就业问题。

3. 宋代景德镇青白瓷窑址主要分布于景德镇周边农村地区，活态化传承与发展活动可以在这些窑址所在地区开展，通过生产活动带动乡村旅游，从而达到吸引农村劳动力回乡创业、帮助发展景德镇乡村经济的目的，落实乡村振兴计划。

第十节　传承创造性

宋代景德镇青白瓷活态化传承与发展既是一种传承性活动，更是一种创造性活动。在陶瓷设计领域，有一种说法，好的传承就是创造。宋代景德镇青白瓷并非一成不变，而是复杂多变的，因此要呈现宋代景德镇青白瓷之美绝非易事，是需要创造性探索与研究的。同时，新时代与宋代的社会时代背景完全不同，社会审美需求也越来越具有个性化，完全原样传承缺乏创造性，显然并不能满足新时代社会各阶层的审美需求。因此，宋代景德镇青白瓷活态化传承与发展需要更多探索、更多创新。

宋代景德镇青白瓷活态化传承与发展的创造性原则主要包含以下两方面含义。

1. 即便是原样复现，宋代景德镇青白瓷活态化传承与发展也是一种创造性的工作。对历史久远的宋代景德镇青白瓷进行原样复现，绝非易事，需要在工艺、审美等各方面花费大量精力进行科学研究，这一科研过程本身即是一种科学创造行为，即经过不断实验、不断改进，创造出与宋代景德镇青白瓷品质相同、相近的产品（图 12–8）。

2. 宋代景德镇青白瓷活态化传承与发展还应当契合时代审美而适当进行一些设计与制作上的变革，这种变革更是一种创造性的行为。这种创造性的变革有利于丰富其价值，突破历史价值的局限而赋予其当代价值。此外，这种创造性的变革还有利于激发参与其中的陶瓷工作者的创造活力，保护陶瓷工作者的创造个性，激发因材施艺的灵感和精心手作的潜能。

图 12—8　《瓜棱执壶》　饶玉陶瓷

第十三章
宋代景德镇青白瓷活态化传承与发展的策略

第十三章　宋代景德镇青白瓷活态化传承与发展的策略

随着对中华优秀传统民族文化艺术的日益重视，宋代景德镇青白瓷活态化传承与发展工作已在持续健康开展，而要做到在未来能够更好地向前发展，需要政府、企业、教育部门、科研机构、相关人才等各方面齐心协力、共同合作，采取行之有效的发展策略。

第一节　政府全面扶持

景德镇上千年的历史发展中，形成了数量极为丰富的多元化的陶瓷非物质文化遗产，不同的陶瓷非物质文化遗产具有不同的发展轨迹，宋代青白瓷只是其中之一，但其影响力却是非常巨大的。在景德镇现存古代窑址当中，宋代青白瓷占据了相当大的比重，可以说，镇区以外的窑址几乎都发现有宋代青白瓷遗迹，并且埋藏巨厚、分布极广。这些宋代青白瓷窑址是宋代景德镇青白瓷活态化传承与发展的重要基础与依存条件，然而，除极少数重点窑址以外，绝大多数宋代景德镇青白瓷窑址已经或正在受到严重破坏。因此，景德镇市政府有关部门应当抢救性地设立宋代青白瓷窑址保护体系，将分散的众多宋代青白瓷窑址作为同一体系，设置为重点保护区予以妥善保护。

除设立宋代青白瓷遗址重点保护区以外，景德镇市政府有关部门还应当从政府层面对宋代青白瓷相关的古籍文献、文物、传承群体等加强保护，并建设相关的数据库。目前相关的古籍文献、文物、传承群体的保护工作都已经开展得很好，但也存在一定问题，如宋代青白瓷的文物精品绝大多数流散在外，景德镇自身的宋代青白瓷文物精品比较少，与原产地的身份并不相符，相关的数据库建设也比较薄弱。因此，应当在政府有关部门的主导下，加强文物精品的修复与回购工作，以及数据库建设工作。

此外，景德镇市政府有关部门还应当站在振兴景德镇传统工艺的高度，加大对宋代景德镇青白瓷活态化传承与发展相关企业的扶持力度，在资源、资金等方面予以一定优惠政策。景德镇市政府有关部门还可以将宋代景德镇青白瓷的活态化传承与发展工作纳入景德镇国家陶瓷文化传承创新试验区的大框架下进行统筹安排，共谋发展之路。

第二节　扩大专业人才队伍

从目前的情况来看，从事宋代景德镇青白瓷活态化传承与发展工作的人才队伍仍然是比较薄弱的，景德镇绝大多数的陶瓷人才并没有从事此项工作，而是倾向于从事彩绘工作。因此，扩大专业人才队伍是宋代景德镇青白瓷活态化传承与发展的工作之一。扩大专业人才队伍的核心在于吸引陶瓷人才对宋代景德镇青白瓷活态化传承与发展工作的兴趣并投身其中。一方面，政府设立的景德镇非物质文化遗产名录能够吸引一部分人申报景德镇传统青白瓷技艺传承人，从而扩大优秀人才队伍，并引起相关人才的重视与加入；另一方面，正在从事宋代景德镇青白瓷活态化传承与发展工作的企业、科研机构及个人等，应加大宣传与推介力度，使更多的陶瓷人才了解与认知，从而达到吸引更多优秀陶瓷人才加入的目的。

宋代景德镇青白瓷活态化传承与发展的相关部门及单位除在景德镇本土致力于扩大人才队伍以外，还应当将目光转向外地。这是因为，宋代青白瓷的产地，除景德镇以外，还有江西白舍窑、永和窑，湖北湖泗窑，广东潮安窑，福建德化窑、碗窑乡窑、同安窑、南安窑等，这些地区中也有一批正在致力于宋代青白瓷相关窑址保护以及活态化传承与发展工作的人才。因此，引进或邀请外地青白瓷技艺人才到景德镇来工作或交流也是扩大人才队伍的重要策略。

此外，自景德镇设立景漂景归服务局以后，吸引了越来越多的景德镇在外发展人员回景，可以在景归人员中开展相关的青白瓷人才发掘工作，以进一步充实与扩大宋代景德镇青白瓷活态化传承与发展的相关人才队伍。

第三节　加强专业人才培训

宋代景德镇青白瓷活态化传承与发展相关人才队伍建设还需要更多的新鲜血液，特别是年轻一辈的加入，并且现有人才也需要加强培训，以进一步增强其技术素质与文化素养。因此，加强人才培训也是宋代景德镇青白瓷活态化传承与发展的工作之一。

景德镇拥有我国陶瓷教育实力最雄厚的高校，这些高校中不乏对宋代青白瓷有深入研究的高端人才，因此，景德镇高校在宋代景德镇青白瓷活态化传承与发展人才培养方面是具有巨大优势的。实际上，这方面的工作已经得到开展，如前文中提及的国家级人才培训项目的成功开展。可以说，这些集中培训的国家级高研班人才在未来一定能够成为推动宋代景德镇青白瓷活态化传承与发展的中坚力量。另外，前文中也提及省级青白瓷人才培训项目，而类似的高研班培训工作还应当持续地进行下去，以不断培养青白瓷高端人才。

景德镇陶瓷大学是景德镇高校中陶瓷教育力量最强的，因此，景德镇陶瓷大学可以利用其雄厚的师资力量和先进的技术条件，开展宋代景德镇青白瓷活态化传承与发展人才培训工作。除景德镇陶瓷大学以外，景德镇学院、江西陶瓷工艺美术职业技术学院、景德镇陶瓷职业技术学院、景德镇艺术职业大学等景德镇地方高校也同样可以加强景德镇青白瓷人才的相关培训工作，积极申报人才培训项目，为宋代景德镇青白瓷活态化传承与发展提供更多的优秀人才。此外，政府有关部门也可以组织相关的人才培训，以青白瓷非物质文化遗产传承人作为重要力量，并且鼓励这些传承人带徒学艺，以传统的师徒制培训方式强化学习。

第四节　加强科研工作

任何一种陶瓷非遗的传承与发展都离不开理论与技术的支撑，因此，大力开展相关理论与技术的科研工作也是宋代景德镇青白瓷活态化传承与发展的重要策略之一。

宋代景德镇青白瓷活态化传承与发展的相关科研工作依靠的主要是高端人才。景德镇高校在相关科研工作方面具有雄厚的实力，可以从各个不同的角度对宋代景德镇青白瓷进行理论与技术研究。相关的历史学、美术学等专业教师可着重开展史论方面的研究，针对宋代景德镇青白瓷进行相关的历史考证、史料文献分析等工作；相关的陶瓷艺术设计、陶瓷美术教师则可从艺术的角度进行科研探索。

除高校以外，景德镇陶瓷科研单位也可以介入相关的科研工作当中来。景德镇陶瓷科研单位众多，包括中国轻工业陶瓷研究所、江西省陶瓷研究所、景德镇陶瓷研究所等，还有针对青白瓷的民营科研单位景德镇宋元青白瓷研究所。景德镇宋元青白瓷研究所由非物质文化遗产传承人、专业顾问、中国工艺美术大师、考古学教授、古陶瓷研究员等力量组成，在理论与技术科学研究方面的实力自是不可小觑。

与此同时，景德镇还拥有《陶瓷学报》《中国陶瓷》两家国家级核心期刊。以陶瓷命名的核心期刊仅有两家，而这两家均在景德镇。此外，景德镇还拥有一批省级期刊，如《中国陶瓷工业》《景德镇学院学报》《陶瓷研究》《景德镇陶瓷》等，这些学术期刊为宋代景德镇青白瓷活态化传承与发展的相关科研成果提供了宣介与交流的平台，推动了成果的转化，能够助力宋代景德镇青白瓷活态化传承与发展工作的开展。

第五节　创新设计能力

创新设计能力是宋代青白瓷审美活态化传承与发展的关键。故步自封地抄袭或改良，不是创新发展，而是对市场的破坏，是对传承与发展的阻碍。这种方式可能短期内会有一定的市场效益，但对传承和发展来说，是极其不利的。创新是产品的生命力，是产品发展的灵魂。宋代青白瓷审美的创新设计，在色彩上基本不用去花太多时间考虑，主要是从造型、工艺、材料的更新和审美内涵上去思考和拓展。

审美是发展的，审美的发展背后是创新设计的推力。每一个时代，都有每个时代审美的特征和追求。宋代的极简风格，熟练的工艺技巧，完美的烧造技术，无不透露着宋代陶瓷从业者的工匠精神。宋代景德镇青白瓷对于其他前代的青白瓷来说，它是创新的，是发展的。

目前，越来越多的研究者、设计师、小作坊主和企业发现景德镇宋代青白瓷的审美与当前的极简主义、轻奢风格相匹配，对其挖掘和创新设计越来越重视（图 13–1、图 13–2）。近年来，这些群体对景德镇宋代青白瓷重新审视，并对其进行深入研究，推陈出新，开发了众多的新造型，颇受市场欢迎。

图 13–1　《佛手》　熊锦江

图 13-2 《宋瓷》 溯瓷堂

第六节 提高产品质量

宋代景德镇青白瓷活态化传承与发展的核心是产品，只有努力提高宋代景德镇青白瓷活态化产品的设计、制作水平和整体审美品质，才能真正推动与促进宋代景德镇青白瓷活态化传承与发展的健康开展。因此，宋代景德镇青白瓷活态化产品的设计制作者，包括企业及个人，必须强化质量意识、精品意识、品牌意识和市场意识，结合现代生活需求，改进设计，改善材料，改良制作工艺，绝不能粗制滥造，以致影响活态化产品的信誉。

从宋代景德镇青白瓷活态化产品的相关生产企业来说，则应该引入现代管理制度，广泛开展质量提升行动，加强全面质量管理，提高活态化产品的整体品质和市场竞争力。从宋代景德镇青白瓷活态化产品设计制作的个人来说，则应当具有强烈的职业自律原则，坚守工匠精神，精益求精地进行设计制作。

从事宋代景德镇青白瓷活态化产品的企业及个人还应当充分地重视知识产权制度，积极注册产品商标，保护产品技术秘密和创新成果，并杜绝对他人成果的抄袭与剽窃行为，培育出具有浓郁民族特色与创新精神的宋代景德镇青白瓷活态化产品知名品牌。拥有较强设计能力和技术能力的企业、高校和相关科研单位可以联合起来建立相关的宋代景德镇青白瓷活态化传承与发展生产行业协会，整合资源并帮助实力弱小的宋代景德镇青白瓷活态化传承与发展生产企业和个人解决相关的工艺难题，在整体上提高产品品质，培育品牌，拓展市场。同时，还可以依托陶瓷文化产业园区，如陶溪川文创区、三宝瓷谷、名坊园等，推动宋代景德镇青白瓷活态化产品的生产与发展旅游业有机结合起来，还可以开展多种形式的宋代景德镇青白瓷活态化产品技能大赛，以发现新的优秀人才并形成追求优秀品质的风气。

第七节　拓宽产品推介和销售渠道

在提升产品质量的同时，宋代景德镇青白瓷活态化传承与发展还需要采取各种策略以拓宽活态化产品的推介、展示、销售渠道，达到推动与促进宋代景德镇青白瓷活态化传承与发展的目的。

有关部门和从业者可以在各个陶瓷文化园区以及旅游景点，如陶溪川、三宝瓷谷以及古窑等，设立专门的宋代景德镇青白瓷活态化产品的展示展销场所，通过形式多样的活动，集中展示、宣传和推介宋代景德镇青白瓷活态化产品，推动产品与旅游市场的结合。

同时，还可以在一年一度的景德镇国际陶瓷博览会上加大宣传力度或举办活动。景德镇国际陶瓷博览会自 2004 年以来已经成功地举办了 19 届，在为期五天的展览中，国内外宾客如潮，前文提及景德镇古窑的宋代龙窑青白瓷复烧、景德镇青白瓷展览活动均在瓷博会期间举行。因此，在景德镇国际陶瓷博览会上举办宣传活动，可以收到非常好的推介宣传效果。

此外，有关部门和从业者还可以举办宋代景德镇青白瓷活态化产品专题展览，通过联合展、企业展、个人展等多种形式为宋代景德镇青白瓷活态化产品搭建更多的展示、交易平台。同时，从业者还可以积极参加各种艺术品拍卖活动，将品质最优秀的宋代景德镇青白瓷活态化产品或作品进行拍卖，以扩大影响力。

另外，宋代景德镇青白瓷活态化产品的从业者还可以在淘宝、天猫等商业网站与雅昌艺术网等相关专业网站设立网络销售平台来推介与销售相关产品。同时，还可以采取时下流行的线上直播的方式进行产品推介与销售。

第八节　加强行业组织建设

宋代景德镇青白瓷活态化产品的相关企业与个人可以成立相关的行业组织，或在相关的行业组织下成立分组织，并通过行业组织来达到推动与促进宋代景德镇青白瓷活态化传承与发展的目的。2011 年 10 月 8 日，一个专门收藏研究青白瓷的学术团体——宋元青白瓷研究理事会在景德镇成立，聚集了一批来自全国各地的青白瓷收藏家、研究青白瓷的专家学者，以及收藏爱好者，为宋代景德镇青白瓷的传承与发展建立了一个学术交流的平台。

通过行业组织建设，可以整合宋代景德镇青白瓷活态化传承与发展的相关资源，并搭建起相互交流、帮助、促进的平台，从而使宋代景德镇青白瓷活态化传承与发展的相关企业与个人联合起来，形成一个有机的整体，改变一盘散沙的局面。

与宋代景德镇青白瓷活态化传承与发展相关的行业组织的成立将为相关从业者搭建起与政府部门沟通的桥梁，向政府转达相关从业者的诉求，同时协助政府制定、落实相关的政策。

现行的日用陶瓷产品行业标准过于笼统，并不能约束具体的产品生产行为，而与宋代景德镇青白瓷活态化传承与发展相关的行业组织则可以制定具体的景德镇青白瓷质量的行业标准，提高准入门槛。这样，粗制滥造的青白瓷在质量上将无法达到行业标准，从而无法获得行业组织颁发的产品合格证明，这有利于提升产品整体质量。同时，行业组织还可以制定一系列相关的行业规范与制度，协调与宋代景德镇青白瓷活态化传承与发展相关从业者之间的关系，促进和谐发展。

与宋代景德镇青白瓷活态化传承与发展相关的行业组织还可以组织或支持开展各类活动，包括展览活动、销售活动、人才培训活动等，并可以提供信息发布服务。在组织成员的合法权益受到侵害时，还可以采取措施积极地维护成员的合法权益。

第九节　加强文化生态环境整体保护

宋代景德镇青白瓷活态化传承与发展还应当加强相关文化生态环境的整体保护工作，这是因为，只有在一个完整的文化生态环境当中，宋代景德镇青白瓷活态化传承与发展的价值才能更好地体现与发挥出来。

首先，文化生态环境保护策略应当对宋代景德镇青白瓷窑址进行保护，在保护完善的原址进行活态化传承与发展工作将能够更好地延续历史，而活态化传承与发展工作在产生经济效益的同时也能够反过来促进宋代景德镇青白瓷窑址的保护工作。

其次，文化生态环境保护策略对宋代景德镇青白瓷窑址所在地进行全面保护，包括传统村落、村镇、历史街区等，如湖田村、进坑村、寿安镇、湘湖镇等，注重保护与恢复宋代青白瓷相关的文化空间和特定的自然人文环境。其中保护与复原文化生态环境工作做得比较好的是进坑村，进坑村通过古道、水碓、矿坑、窑址等的修建工作，还原出一个较完整的宋代进坑村文化生态环境。其他窑址所在地则疏于保护，文化生态环境受到严重破坏，亟待开展保护工作。

最后，文化生态环境保护策略应当注重生态环境保护，对于造成环境污染的工艺尽量采取环境友好型工艺加以替代。如采用柴窑虽然能够使活态化产品更接近历史原貌，但大规模使用则会造成严重的环境污染，并对森林造成破坏，因此，大规模的活态化传承与发展生产活动宜采用电窑以及气窑进行。

第十节　开展国际合作与交流

宋代景德镇青白瓷活态化传承与发展不应闭门造车，而应当注重国际合作与交流。宋代景德镇青白瓷不仅在国内流传，也大量行销国外，在国外许多博物馆中收藏有不少宋代景德镇青白瓷精品，如日本即收藏有大量宋代景德镇青白瓷。国外也有一些专家学者对宋代景德镇青白瓷进行相关的研究活动，并形成一些与国内并不相同的独特见解。因此，宋代景德镇青白瓷活态化传承与发展的相关企业及个人，应当积极地走出国门，品鉴收藏于国外的宋代景德镇青白瓷精品，开阔视野，与相关的国外专家进行交流，并借鉴与吸取其具有价值的研究成果，有可能的话还可以开展相关的技术合作。

一般来说，欧美及日韩等发达国家和地区所收藏的宋代景德镇青白瓷较多，并且有一定研究，因此，在开展国际交流与合作时，可以和这些国家加强联系。随着近年来“一带一路”倡议的提出及迅猛发展，在开展宋代景德镇青白瓷活态化传承与发展相关国际合作与交流时，还应当重视“一带一路”沿线国家，以策应“一带一路”倡议。同时，“一带一路”沿线国家大部分与古代陆上、海上丝绸之路沿线国家吻合，这些国家也有着各个朝代青白瓷交流的记录，对青白瓷的认知与发展有相同的语言，是国际交流和合作的重心和重点。

在开展相关国际交流与合作时，除了科研与技术领域以外，还可以向世界各国进行宋代景德镇青白瓷活态化产品的推介活动，使世界各国更多地了解与认识宋代景德镇青白瓷之美，并借此进行活态化产品的贸易工作，努力使宋代景德镇青白瓷活态化产品走出国门，走向国际市场，成为中国文化软实力的一部分，为弘扬民族传统手工艺做出自己的贡献。

第十四章
宋代景德镇青白瓷设计的活态化传承与发展

第十四章　宋代景德镇青白瓷设计的活态化传承与发展

第一节　重构与创新

重构指重新组合、塑造。重构首先要解构，意为分解，拆解分析。宋代景德镇青白瓷蕴含了很多精美的细节，釉色、结构、形体的比例，以及刻划花、捏雕等工艺，这些具有传承和发展的部分可以巧妙地利用到新的造型中，使这些动人的细节得到传承和创新发展。重构的意图是分析优秀传统设计，对元素重新组合和设计，图谋陶瓷设计的细节和整体之美，包含了传统的内涵、形式与功能，丰富了当代的陶瓷产品设计。宋代景德镇青白瓷的创新包括两个方面：陶瓷艺术的创新和陶瓷产品设计创新。这种创新包括四个部分。

1. 智慧的思考—把奇思妙想融于设计—造型设计的新颖性。无论哪一类产品，要想设计上能打动人，首先设计者的个人世界必须充满想象力。智慧的思考体现了巧妙的设计。在器具设计上，能看出设计者的灵气。因此，在品味青白瓷产品设计时，如果该器物造型有较强的视觉冲击力，有深入人心的细节，有流畅的使用体验，有精湛的工艺技巧，则可以定义为聪明的设计，它体现了设计师的奇思妙想而又兼顾了本真的使用功能（图14-1、图14-2）。造型设计的新颖，是宋代景德镇青白瓷至今能打动人的重要元素，因此，在青白瓷的造型设计上，需注重新颖、整体，而不失宋

图 14–1　《金丝玉缕》　蓝印东方

图 14–2　《流年》　吴文龙

代青白瓷的风骨。

2. 在器物使用上逻辑的正确、明晰、流畅—设计的合理性。正确的逻辑是功能性的合理，符合人机工程学原理，符合使用环境需要。在生活中使用时，器物的各个细节语义明确，操作简单明了。在青白瓷设计的合理性上，体现在器型的视觉趋于整体、流畅，使用时快捷方便，不用说明即可上手。以青白瓷执壶为例，器型设计整体，在陈设时是一件艺术品，宁静高雅；在使用时，手握把手舒适不别扭，大拇指搭在壶柄上自然顺心，倾斜时壶口不会溢水，壶盖不会轻易跌落，出水口出水流畅，流延不回流，等等。诸如此类，体现了设计的逻辑正确、明晰和流畅。

3. 设计的独创性—独立的人格和魅力—设计创新的精神。独创是造型设计基本要求。独创性也就是原创性，原创设计师往往独具眼光、另辟蹊径，创新风格或创新方法。对于宋代景德镇青白瓷的活态化传承与发展，在工艺上首次应用、在材料上是新开发、在造型上无雷同、在装饰上具备个人语言、在烧成上是新方法等，都是独创性的体现，也充分体现了设计师的独立人格和魅力（图 14–3、图 14–4），这样的作品具备超强的吸引力和较强的市场潜力。

4. 设计的个性—结合作品表达个人内心世界—技术与艺术的融汇，形成符号化的语言。个性是事物体现出来的具有独特性质的性格，也是和其他人有区别的设计语言。好的作品，是发自内心的，是充满感情的，在感受上是立体的。在设计者不断的探索过程中，个性语言的应用，往往可以形成符号化语言。青白瓷设计的创新，大多是语言的创新，也有工艺上的、装饰上的、材质上的、造型上的（图 14–5 ~图 14–7）。青白瓷的文创产品，造型创新可以形成设计师个人风格，如天津美术学院刘颖睿教授的作品，运用泥片的成型造型语言简洁概括，通过青白瓷的材质体现晶莹剔透，

图 14—3　《宋韵香熏》　张三聪

图 14—4　《江西特色香熏》　张三聪

图 14-5 《云语》 刘洁

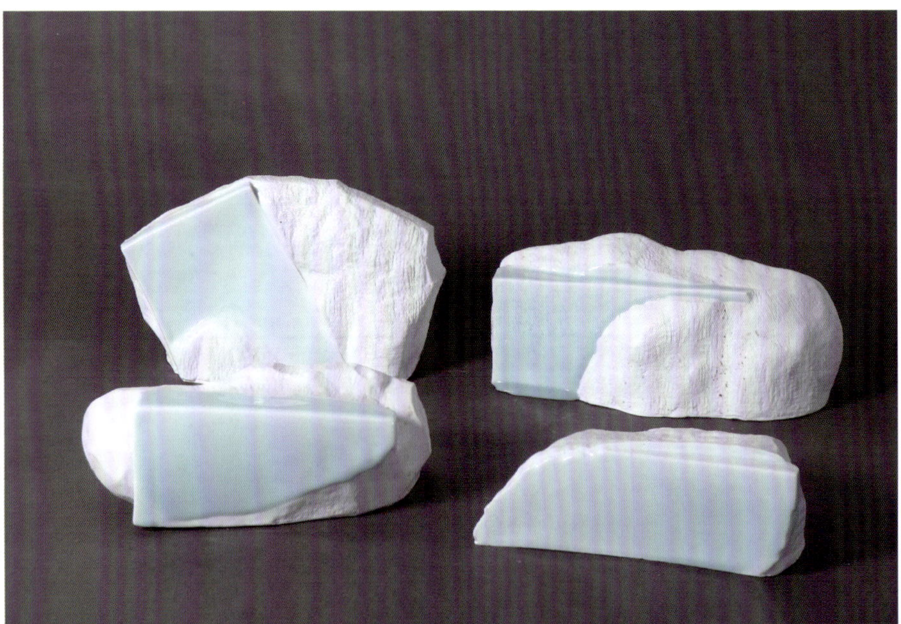

图 14-6 《玉石 · 缘》 齐乐

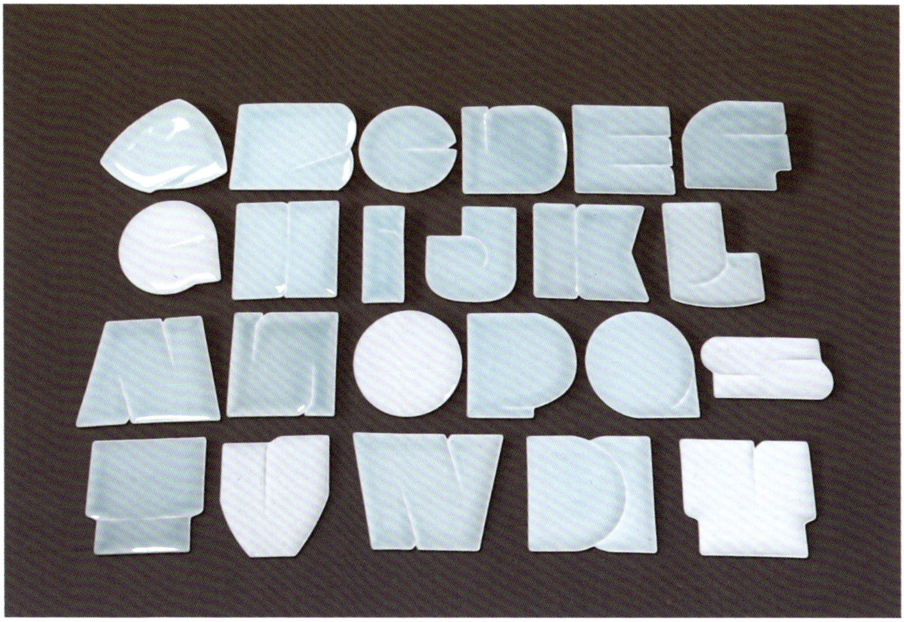

图 14-7　《字母拼盘》　蔡瑶

使少女陶瓷雕塑文创亭亭玉立，栩栩如生。

宋代景德镇青白瓷陶瓷产品的重构与创新设计，旨在创造被理解、被尊重的新体验，创造当今文化自信下的独特品位。真实地品味历史，融入可解构的经典细节，巧妙地重构，可能创造更多动人的造型，陶瓷艺术和陶瓷产品设计会因此而意趣盎然。

第二节　再造与重生

再造，指重新给予生命。“再造”源自一个计算机指令“Ctrl+Alt+Del”，意为重新启动。在此，再造是重新审视我们认为的美。宋代景德镇青白瓷的美，是一个与时代对应的器物特征，可以定义为一种意境，也是一种处事方式和一种生活态度。在当今的设计中，我们崇尚理智、友善、情趣，如此，作品才会美，设计才会美，生活才变得更美好。因此，“再造”是重新审视陶瓷艺术设计，图谋宋代景德镇青白瓷蕴含的生活之美。

宋代景德镇青白瓷的再造，充分体现在整体的再造。整体形态之美的再造，宛如高级整容，整合了最先进的技术、最科学的设计理念，保留了外形精髓和内在精神。如今，宋代景德镇青白瓷越来越受到大家的喜爱，市场也不断推陈出新，结合时尚的语言以及使用环境进行整体的展示。宋宴套件的复制，是最鲜明的案例。宋宴的餐具、茶具和其他套件，完全是宋代景德镇青白瓷的高度复原，瓷质薄、雅、透，与宋代家具结合，恢宏大气，具有高雅的皇家气质（图 14–8）；宋茶套件的应用，与古典家具结合，清新淡雅，颇具文人气质（图 14–9）。

图 14–8　《华轩宋宴》　毛小龙

图 14-9 《饶玉宋茶》 饶玉陶瓷

“重生”为道教理想之一，认为在绝处逢生时经受了巨大的痛苦和升华后人们才能以更美好的躯体重生。“重生”有两重意思，一是表示复生，死而复生；二是表示珍视身体，珍视生命。重生说法产生于先秦，古人认为人死后，灵魂依然在，但灵魂如果离开身体太久，就会死亡，所以会去招魂让其重生过来，也就是招魂复魄。宋代景德镇青白瓷的魂，首先是大国气度和工匠精神，其次是深厚的美学思想，是一种理想，是一种精神，是一种哲思（图 14-10）。它如何重生，是这个忙碌的社会面临的一个重要命题，是新时代从业者的追求，也是从业者的责任和义务。所幸，较多的年轻学子在宋代景德镇青白瓷审美的基础上，不断地摸索，从理论上反思，从实践上积极推出令人震撼的作品，为青白瓷的重生汇聚力量（图 4-11 ～图 14-13）。这些实践，有雕刻技艺的探索，有综合材料的探索，有艺术表现

图 14–10 《仿宋瓷瓶》 饶玉陶瓷

图 14–11 《影青盖罐》 李伟

图 14–12 《起舞弄清影》 解晓明

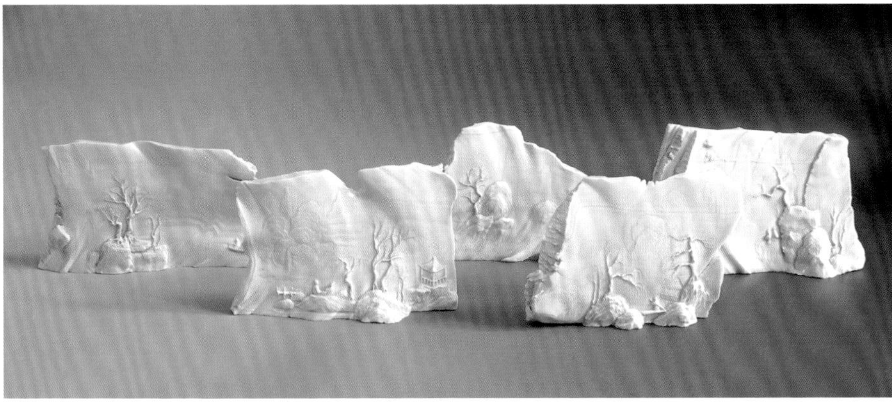

图 14—13 《唐人诗意》系列 解晓明

的探索，极大地丰富了现代青白瓷的艺术种类，呈现了更多的艺术图景，为景德镇宋代青白瓷的传承和发展拓展了更广的视野和更多的途径。

宋代景德镇青白瓷传统陶瓷的造型、釉色、纹饰等，以及审美背后的精神内涵，是一个可重生和再造的世界，这是除政策、活动等方式外，从设计本体进行活态化传承与发展的艺术空间。宋代景德镇青白瓷的再造与重生，是精神内涵结合新的设计语言的发展，也是审美活态化的传承与发展在设计道路上的探索，在艺术与设计上赋予了其新的生命和灵魂。

（本书为江西省文化名家暨四个一批工程人才资助项目。）

参考文献 >>

1．陈雨前．宋代景德镇青白瓷与审美．南昌：江西高校出版社，2006．

2．江西省历史学会古陶瓷专业委员会．青白瓷精品鉴赏．南昌：江西美术出版社，2012．

3．彭涛，石凡．青白瓷鉴定与鉴赏．南昌：江西美术出版社，2004．

4．李仲谋．青白瓷．上海：上海人民美术出版社，1998．

5．陈定荣．影青瓷说．北京：紫禁城出版社，1991．

6．曹春生．景德镇宋代影青瓷雕塑技艺研究．石家庄：河北美术出版社，2015．

7．黄义军．宋代青白瓷的历史地理研究．北京：文物出版社，2010．

8．中国古陶瓷学会．青白瓷器研究．北京：故宫出版社，2015．

9．熊寥，池广法．宋元青白瓷鉴藏．杭州：中国美术学院出版社，2001．

10．黄康明．景德镇青白瓷珍品展图集．北京：文化艺术出版社，2014．

11．江西省博物馆．江西宋代纪年墓与纪年青白瓷．北京：文物出版社，2016．

12．中国古陶瓷研究会．中国古陶瓷研究　第7辑．北京：紫禁城出版社，2001．

13．程金城．中国陶瓷艺术论．太原：山西教育出版社，2000．

14．宗白华．美学与意境．北京：人民出版社，1987．

15．冯先铭．中国陶瓷．上海：上海古籍出版社，2001．

16．李砚祖．工艺美术概论．北京：中国轻工业出版社，1999．

17．李泽厚．美的历程．天津：天津社会科学院出版社，2002．

18．方李莉．景德镇民窑．北京：人民美术出版社，2002．

19．叶朗.中国美学史大纲．上海：上海人民出版社，1985．

20．秦大树，刘静，江小民，李颖翀．景德镇早期窑业的探索——兰田窑发掘的主要收获．南方文物，2015（02）．

21．张文江，顾志洋，李兆云，刘昕．景德镇地区发现最长唐代龙窑遗迹．大众考古，2014（01）．

22．郁鑫鹏，章颖嘉．唐代龙窑现乐平景瓷历史再推前．江西日报，2013-12-10．

23．张文江．南窑："瓷都"景德镇瓷业探源．大众考古，2014（05）．

24．曹春生．景德镇宋影青雕刻瓷的审美特征．装饰，2002（12）．

25．李琳琳，张莉．简述我国宋代的陶瓷艺术．兰台世界，2012（36）.

26．尹娜娜．理·玉·器——论程朱理学对宋代景德镇青白瓷的影响．文艺生活（文海艺苑），2011（12）．

27．张嗣苹，张甘霖．宋代青白瓷人物雕塑——看景德镇陶瓷的成就及发展．文艺争鸣，2010（14）．

28．律海明．宋元青白瓷鉴赏小识．收藏界，2010（08）．

29．冯先铭．我国宋元时期的青白瓷．故宫博物院院刊，1979（03）．

30．江凌，詹嘉．宋初景德镇青白瓷来源及分布研究．丝绸之路，2009（24）．

31．雨岚．青白瓷窑场纵览．收藏界，2012（05）．

32．叶筠筠，江涛．晶莹碧透　如冰似玉——崔德镇青白瓷．东南文化，2001（12）．

33．艾理．中外专家学者有关中国青白瓷历史发展和文化价值的概述．祖国，2019（04）．

34．李云．江西凤凰山宋代窑址出土青白瓷赏．收藏界，2012（05）．

35．王轶凌．光致茂美——浙江出土宋元青白瓷展萃珍．收藏，2019（03）．

36．陈雨前．宋代景德镇青白瓷的历史分期及其特征．中国陶瓷，2007（06）．

37．陈雨前．宋代景德镇青白瓷的审美研究．陶瓷学报，2007（04）．

38．黄义军．宋代青白瓷起源的背景初探．考古与文物，2006（02）．

39．刘新园.景德镇宋元芒口瓷器与覆烧工艺初步研究．考古，1974（06）．

40．刘新园，白焜．景德镇湖田窑考察纪要．文物，1980（11）．

41．李一平．宋代的湖田窑．南方文物，2003（01）．

后记 >>

因俗务繁多，本书的撰写前后经历了三年多。笔者本科阶段经历过陶瓷艺术设计和产品设计两个专业，毕业后在做产品设计过程中接触到宋代的青白瓷，也参与过很多青白瓷的活动，加之较长时间从事陶瓷艺术设计，因此断断续续对各个朝代青白瓷的造型进行解构并重构进行陶瓷产品设计。在闲暇之余，笔者会去古陶瓷店里看看宋代景德镇青白瓷瓷片，顺便也买一些，越看越喜欢，越来越痴迷，也越来越感受到宋代景德镇青白瓷太多的细节让人感动。

当然，撰写这本书的源头还有个小故事，某年某次与清华大学《装饰》杂志的马毓明女士聊天，她说杂志社有一个青白瓷专题选题，能否写一篇文章，笔者苦于当时对景德镇青白瓷了解不深，放弃了一次很好的切入研究青白瓷的机会。后来，在一次同学聚会上，同学觉得目前对宋代景德镇青白瓷的研究不多，且大多停留在装饰技巧和审美的研究上，特别希望从政府层面以及设计的角度，以活态化传承的方式来研究它的传承与发展。我觉得可行，加上研究宋代景德镇青白瓷在景德镇陶瓷大学这个平台有利条件，于是着手收集材料，不断分析，不断学习，同时加以构思，最终成文。

本书的成书特别感谢景德镇艺术职业大学的徐茂林女士，她提供了较多的资料，并对书中部分细节进行商榷；其次要感谢提供帮助的艺术家和教授，其中有景德镇陶瓷大学的曹春生教授、黄胜教授、赵兰涛教授、李伟教授、解晓明副教授、张三聪副教授，天津美术学院的刘颖睿教授，以及江西师范大学的毛小龙教授；此外，感谢蓝印东方的赵强、饶玉陶瓷的王双彬、景德秵器的刘梦佳、景德镇民窑博物馆的孙立新馆长；最后，感谢家人的无条件支持。

第一次思考写点有关陶瓷的东西，思路断断续续，加上对陶瓷的研究经历不长，难免有很多不足之处，请多多谅解。但愿前行之路能得到更多专家、学者的帮助，为景德镇乃至中国的陶瓷研究提供多一点思路。

图书在版编目（CIP）数据

色白天青 ：宋代景德镇青白瓷审美活态化传承研究／康修机，毛宏萍著. — 沈阳 ：辽宁美术出版社，2023.1

ISBN 978-7-5314-9412-6

Ⅰ.①色… Ⅱ.①康… ②毛… Ⅲ.①青瓷(考古)－研究－景德镇－宋代②白瓷(考古)－研究－景德镇－宋代 Ⅳ.①K876.34

中国版本图书馆CIP数据核字（2022）第237128号

出 版 者：辽宁美术出版社
地　　址：沈阳市和平区民族北街29号　邮编：110001
发 行 者：辽宁美术出版社
印 刷 者：沈阳晟邦印刷包装有限公司
开　　本：787mm×1092mm　1/16
印　　张：13
字　　数：160千字
出版时间：2023年1月第1版
印刷时间：2023年1月第1次印刷
责任编辑：满　媛
责任校对：郝　刚
书　　号：ISBN 978-7-5314-9412-6
定　　价：98.00元

邮购部电话：024-83833008
E-mail:lnmscbs@163.com
http://www.lnmscbs.cn
图书如有印装质量问题请与出版部联系调换
出版部电话：024-23835227